The Elder Scrolls®

탐리엘의 맛과 이야기

나의 스승이자 미식가이자 친구인
발라고그 그로-놀롭에게 이 책을 바친다.

The Elder Scrolls

탐리엘의 맛과 이야기

우르자그 그로-라라크 지음

빅토리아 로젠탈 & 에린 쿵 옮김

목차

  6 **서문**

  9 **아침식사**
- 13 빈 술통 선술집 특제 프리타타
- 15 버블 앤드 스퀴크
- 17 버섯 오믈렛
- 19 크와마알 해시
- 21 알드머 구훌죽
- 23 화이트-골드 스콘
- 25 솔리튜드 브랙퍼스트
- 29 두꺼비 머핀
- 33 오르조가의 양대창 주머니
- 37 라진의 설탕 발톱

41 **전채음식**
- 45 알리키어 비트 카나페
- 47 팔리네스티 선악과
- 49 골드코스트 진흙게 튀김
- 51 콜로피
- 53 센티넬 염소고지
- 55 트롤 지방 육포
- 57 엘스웨어 옥수수 프리터
- 59 노래하는 뿌리 샐러드
- 61 하운드 들쥐 파이

63 **빵**
- 67 콤브워트 납작빵
- 69 음유시인의 바나나빵
- 71 쏜 옥수수빵
- 73 솔리튜드빵
- 77 바덴펠 화산참마빵
- 79 달콤 과일 빵

81 **수프와 스튜**
- 85 아르고니안 호박 수프
- 87 아테이움 휴대용 맑은국
- 89 우중충한 쓰레기 여관 부야베스
- 91 엘스웨어 원기회복용 국수
- 93 사냥꾼 아내의 소고기 스튜
- 95 용암발 수프와 솔트라이스
- 97 양고기 스튜
- 99 우두머리의 사골국
- 101 쏜헬름 소꼬리 수프
- 103 솔리튜드 연어 수프
- 105 웨스트 윌드 옥수수 차우더

107	**메인요리**
111	아테이움 생선 덮밥
113	오키쉬 핫도그
115	공작 콩피
117	구운 농어
119	마늘과 후추를 곁들인 사슴고기 볶음
121	꿩 구이
123	훈딩항 치즈 감자튀김
127	센찰 생선 카레
131	돌이빨 연회용 닭요리

133	**곁들임**
137	사과를 넣은 으깬 감자
139	애쉬랜더 황토 마쉬
141	브라빌 비트 리소토
143	길라네 마늘채소 무침
145	모닥불 필라프

147	**디저트**
151	파그레이브 스위트롤
155	콜로비안 전쟁 토르테
159	생킨의 '벗긴 과일'
163	바나나 서프라이즈
165	기념일 케이크
169	마쉬메로우 쿠키
171	호박 치즈케이크
173	리자드푸르트 콤포트

175	**음료**
179	블랙우드 민트차
181	부패한 블러디 마라
183	마이크의 말꼬리
185	진흙 넥타르
187	고대 존재의 강림
189	오르조가의 레드 프로스가
191	시직의 암브로시아
193	텔바니 차
195	샘 귀벤의 위스키
197	하이락 로즈 라이
199	타네스 커피
201	마녀어멈의 포도주

202	**후기**
203	**저자 소개**
204	**요리별 난이도**
205	**요리별 식이 제한 정보표**
206	**계량 단위 환산표**

서문

책을 거의 완성하고 나서 서문을 쓰려니... 참 이상한 느낌입니다. 마치 막이 내려야 할 시점에 막이 오르는 것 같다고나 할까요? 하지만, 이 요리 모음집을 만들면서 깨달은 것이 하나 있습니다. 새 생명 축제의 달리기 시합에서 출발선과 결승선이 맞닿아 있듯이, 시작과 끝은 서로 맞닿아 있다는 사실입니다. 그래서 다시 시작하는 마음으로 서문을 써보려 합니다.

제가 태어나고 자란 곳은 위대한 광부들의 요새, 모르 카즈구르입니다. 족장인 아버지는 전투 정신을 중요히 여겼고, 강인함과 용맹함으로 부족을 이끌었습니다. 그러나 아버지와 달리 저는 전투에 소질이 없었습니다. 오시머치고는 왜소한 편이었고, 전투 훈련에도 별다른 흥미를 느끼지 못했습니다. 친구들이 칼과 석궁으로 전투 기술을 연마할 때, 저는 한적한 곳을 찾아 책을 읽으며 시간을 보내곤 했습니다.

수많은 책 중에서도 저는 역사책을 가장 좋아했습니다. 무기를 잡으면 덜덜 떨렸지만, 피비린내 나는 전쟁 이야기는 흥미롭게 읽었습니다. 타이버 셉팀의 정복기부터 나인의 기사단 결성기, 바-다우의 추락으로 비벡 시티가 통렬의 만으로 변한 사건까지, 저는 탐리엘의 이야기를 하나씩 맞춰 나가기 시작했습니다. 책 속에 빠져 있는 저를 보고 친구들이 비웃을 때면, 저는 새피아크 대학에서 공부하는 알트머 학자나 경이로운 주문을 외우는 브레튼 마법사가 되는 상상을 하며 위안을 얻곤 했습니다. 그러던 어느 날, 우연히 발견한 요리책 '대단한 맛'이 제 인생을 완전히 바꿔놓았습니다.

'대단한 맛'은 제가 읽은 첫 번째 요리책이었습니다. 그 책에 깊은 감명을 받은 저는 몰래 요새를 빠져나와 요리를 시도해 보기로 했습니다. 당근을 깍둑썰고, 육수를 끓이고, 열심히 저었습니다. 그 결과는 기가 막혔습니다. '환상의 포타주'라고 불리는 그 수프는 입안 가득 퍼지는 천상의 맛이었습니다. 수프의 향은 편안하면서도 강렬해서 멀리 떨어진 광산까지 퍼져 나갔습니다. 수프의 향에 이끌린 광부들이 제 주변으로 몰려들었습니다. 한 광부가 호기심 가득한 눈빛으로 제 손에서 냄비를 홱 빼앗아 한 입 두 입 싹싹 긁어먹더니, 더 없느냐고 물었습니다! 모두가 제 요리를 극찬했고, 저는 제가 한 일을 인정받는 기쁨을 처음으로 느꼈습니다!

사람들의 반응에 힘입어, '대단한 맛'에 나오는 모든 요리를 완벽하게 만들 수 있을 때까지 계속 연습했습니다. 심지어 크와마 알 키슈는 눈을 감고도 만들 수 있을 정도였습니다.

이제 저만의 요리를 시도해 보려던 참에, '대단한 맛'의 저자인 불후의 미식가 솔리튜드를 방문한다는 소식이 모르 카즈구르에 전해졌습니다. 불후의 미식가는 비밀스러운 인물로 유명했습니다. '불후의 미식가'라는 이름으로만 알려졌지, 그의 진짜 정체를 아는 사람은 없었습니다. 그런 비밀스러운 이를 만나기는 쉽지 않은 터였습니다. 하지만 이 기회를 놓칠 수는 없었습니다. 몬다스* 아침, 식량 꾸러미와 첫째 형이 만들어 준 새 프라이팬을 챙기고 설레는 마음으로 불후의 미식가를 만나러 길을 나섰습니다.

윙킹 스키버 여관에 들어섰을 때, 평소 오시머들이 입는 것보다 훨씬 화려한 옷을 입은 오시머 한 명이 눈에 띄었습니다. 저는 낯선 사람과 대화하는 것을 잘 못했기에, 조심스럽게 바의 반대편 끝에 앉았습니다. 얼마 지나지 않아 그 오시머가 먼저 다가와 자신을 발라고그 그로-돌롬이라고 소개했습니다. 약간의 통성명이 오간 후, 저는 '불후의 미식가'와 그의 저서 '대단한 맛'에 대한 찬양을 늘어놓으며, 요리에 대한 제 열정을 시간 가는 줄 모르고 이야기했습니다. 어느새 자정이 되었고, 발라고그는 바 너머로 몸을 기울이며 의미심장한 윙크와 함께 속삭였습니다. "이건 비밀인데, 사실 불후의 미식가는 그렇게 대단한 사람이 아니야. 그냥 멋진 옷 입는 걸 좋아하는 늙은 오시머일 뿐이지."

그의 말에 엄청난 충격과 부끄러움이 몰려왔지만, 동시에 호기심이 생겼습니다. 며칠에 걸쳐 발라고그에게 요리를 가르쳐 달라고 부탁했지만, 그는 계속 거절했습니다. 그러나 저는 포기할 수 없어 제가 만든 요리를 한 번만 맛보고 다시 생각해 달라고 간청했습니다. 그는 잠시 눈을 감고 엄니를 문지르며 고민하더니, 결국 알겠다고 했습니다.

기회를 잡게 되어 기뻤지만, 동시에 큰 부담감을 느꼈습니다. 발라고그를 감동하게 할 만한 요리를 선보여야 했기 때문입니다. 며칠이 지나고 프레다스**가 되자, 저는 마침내 발라고그를 위해 요리할 용기를 냈습니다. 몇 시간 동안 어떤 음식을 만들지 고민했습니다. 실력을 증명하기 위해 화려한 요리를 선보일지, 아니면 그에 대한 존경심을 표현하기 위해 '대단한 맛'에 나온 요리 중 하나를 만들지 고민하고 또 고민했습니다. 그러나 아무리 생각해도 만족스러운 답을 찾을 수 없었습니다.

한창 고민하던 중, 저는 우울하고 힘들 때 자주 만들어 먹었던 작은 보석 같은 요리를 떠올렸습니다. 바로 양배추와 머스터드를 얹은 소박하지만 맛있는 브라트부어스트 핫도그였습니다. 이 요리야말로 저의 진심을 담아낼 수 있을 것 같았습니다. 양배추를 자르고 양파를 볶으면서 걱정이 사라지고 자신감이 생겼습니다. 그러나 완성된 요리를 발라고그 앞에 내놓을 때, 다시 긴장감이 몰려왔습니다.

불후의 미식가... 아니, 발라고그가 제가 만든 음식을 먹으며 짓던 표정을 저는 절대 잊지 못할 것입니다. 그는 첫 입부터 그릇이 깨끗해질 때까지 단 한마디도 하지 않았습니다. 핫도그를 먹는 내내 평소답지 않은 찡그린 표정을 지으며, 한 입 한 입 먹을수록 점점 생각에 잠기는 듯했습니다. 침묵이 길어질수록 긴장감은 극에 달했습니다. 마침내 그가 침묵을 깨고 입을 열었습니다. 그의 입에서 나온 말은 짧고 명료했습니다. "3개월 동안 너를 가르쳐 주겠다."

발라고그는 생각지도 못한 방식으로 음식을 바라보는 법을 가르쳐 주었습니다. 특히 그는 음식의 역사적 맥락을 중요하게 여겼습니다. 특정 음식의 흥망성쇠에 관한 이야기를 들려주며, 그것들이 어떻게 마법, 정치, 음악의 영향을 받았는지 흥미롭게 설명해 주었습니다. 또한, 그가 몇 번이고 반복해서 강조한 말이 있었습니다. "내가 가르쳐 줄 순 있어도 네가 직접 탐리엘을 요리해 보기 전까지는 진정으로 이해할 수 없을 거다." 그 말은 제게 깊은 인상을 남겼습니다.

눈 깜짝할 사이 3개월이 흘러갔고, 그는 제게 세상을 떠돌고 싶은 마음을 불어넣어 주었습니다. 그리고 여행을 마치면 다시 만나자는 약속을 남기고 떠났습니다. 저는 스승님의 가르침을 가슴에 새기며, 설레는 마음으로 여행을 시작했습니다. 스카이림을 떠나 노스포인트와 선홀드, 센찰과 바덴펠, 임페리얼 시티를 거쳐 다시 스카이림으로 돌아오기까지... 아주 긴 여행이었습니다.

탐리엘 이곳저곳을 떠돌다 보니 역사적인 요리를 연구하고 재현하는 데 흥미가 생겼습니다. 골드코스트 진흙게 튀김의 기원은 저를 놀라게 했습니다. 지금은 최고급 요리 취급받는 그 요리가 원래는 가난한 어부들이 입에 풀칠이라도 하기 위해 만들었던 음식이라니... 정말 놀랍지 않나요? 그리고 콜로비안 전쟁 토르테에 그렇게 많은 제국 전쟁사가 담겨 있을 줄 누가 알았겠습니까? 대도시의 제과점에서나 볼 수 있는 디저트가 전쟁 중 군인들이 휴대하기 편하도록 만들어진 음식이었다니 정말로 놀라울 따름이었습니다. 이런 수많은 요리가 제게 영감을 주었고, 저는 요리 모음집을 만들기 시작했습니다.

자료를 수집하고 책을 집필하는 지난 몇 년 동안, 저는 늘 스승님께 완성된 책을 선물하는 순간을 상상해 왔습니다. 제 노력의 결실을 스승님께 드릴 때, 스승님의 얼굴에 떠오를 흥분과 자부심 어린 미소를 그려보았습니다. 4년간의 집필을 마무리하고, 발라고그에게 편지를 보냈습니다. 얼마 후, 발라고그로부터 답장이 도착했습니다. 페일에서 만나자는 내용이었습니다. 저는 가벼운 발걸음으로 페일로 향했습니다. 그러나 페일에서 불과 5km 떨어진 지점에서 믿기 어려운 소식을 들었습니다. 발라고그가 죽었다는 소식이었습니다.

발걸음은 멈췄고, 세상도 잠시 멈춘 듯했습니다. 충격과 슬픔에 휩싸였습니다. 이제는 스승님을 영원히 만날 수 없게 된 것입니다. 지금까지의 노력, 걸어온 길, 손에 난 상처들... 제가 이 모든 것을 왜 했던 걸까요? 모든 것이 무의미해 보였습니다. 이제 발라고그는 제가 얼마나 성장했는지 볼 수 없습니다. 깊은 상실감에 빠진 채, 저는 터덜터덜 집으로 돌아갔습니다. 며칠 동안 제가 입에 댄 것은 머리맡에 놓인 맛없는 죽뿐이었습니다. 시작도 하기 전에 모든 것이 끝나버린 듯했습니다.

몇 달이 지났을까요? 제가 먹던 죽이 점점 맛있어지기 시작했습니다. 저에게 죽을 가져다준 사람은 모르 카즈구르에서 가장 강인한 전사인 제 누나였습니다. 제가 알기론 누나가 다룰 수 있는 재료라고는 철과 오리칼쿰***이 전부였습니다. 누나에게 물어보니, 제가 예전에 적어둔 레시피를 보고 간을 맞추기 시작했으며, 생강과 올스파이스도 넣기 시작했고, 어느새 요리에 재미를 붙였다고 말했습니다. 누나의 말을 듣고, 저는 잃어버린 줄 알았던 열정이 다시 살아나는 것을 느꼈습니다. 마치 오랜만에 광산에서 나와 햇빛을 보는 광부처럼 말이죠. 저는 부끄러워하며 누나에게 오랫동안 작업해 온 요리 모음집을 보여줬습니다. 밤마다 우리는 부엌에서 함께 공부했습니다. 저는 스승, 누나는 제자가 되었습니다.

제가 무엇을 위해 여행을 떠났던 걸까요? 아마도 제가 좋아했던 이야기를 전하고, 다른 사람들에게서 새로운 이야기를 배우기 위해서가 아니었을까요? 환상의 포타주에서 찾았던 열정을 나누기 위해서 아니었을까요? 발라고그는 제 안에 불꽃을 지펴주었고, 저는 그 불꽃을 누나에게 전했습니다. 이제 저는 그 열정을 누구와도 나눌 수 있습니다.

이제 서문을 마무리하려 합니다. 저의 이번 여행은 끝났지만, 당신의 여행은 이제 시작입니다. 제가 수집한 레시피들을 읽으면서 탐리엘의 맛과 이야기를 경험하시길 바랍니다. 음식을 만들고, 당신의 입맛에 맞게 수정하면서, 우리의 거칠고 놀라운 땅의 이야기에 당신의 이야기를 더해가시길 바랍니다. 그것이 바로 제가 이 책을 쓴 진정한 이유입니다. 발라고그와 제 여행의 끝이 여러분 가슴속에 새로운 불꽃을 지피고, 그 불꽃이 여러분 가슴속에서 계속 타오르기를 희망합니다. 저와 스승님의 불꽃을 이어받아 주셔서 진심으로 감사드립니다.

마지막으로, 저도 한때 자존감이 낮은 작은 오시머였기에 꼭 드리고 싶은 말씀이 있습니다. 화려한 장비나 오랜 연습이 없어도 미식가가 될 수 있습니다! 발라고그가 말했듯이, 비밀의 재료는 바로 여러분 자신입니다!

*몬다스: 엘더스크롤 세계관의 역법상 월요일에 해당한다.
**프레다스: 엘더스크롤 세계관의 역법상 금요일에 해당한다.
***오리칼쿰: 오시머가 주로 사용하는 특이한 금속이다.

아침식사

빈 술통 선술집 특제 프리타타	13
버블 앤드 스퀴크	15
버섯 오믈렛	17
크와마알 해시	19
알드머 구홀죽	21
화이트-골드 스콘	23
솔리튜드 브랙퍼스트	25
두꺼비 머핀	29
오르조가의 양대창 주머니	33
라진의 설탕 발톱	37

아침식사

"하루 중 가장 중요한 식사는 아침이다."

탐리엘 출신이라면 이 오래된 속담을 한 번쯤은 들어봤을 것입니다. 저는 이 속담이 어디서, 언제 비롯되었는지 알아내기 위해 도서관과 식당을 방문할 때마다 특별히 주의를 기울였습니다. 아직 정확한 기원을 발견하지는 못했지만, 제2시대에 이 말이 널리 퍼지기 시작해 아이렌 여왕이 이를 신봉했다는 기록을 발견했습니다. 그녀는 모든 알드메리 병사들에게 풍성한 아침 식사를 제공했다고 합니다 (물론, 많은 역사 기록이 그렇듯이 아이렌 여왕이 병사들을 굶겼다고 주장하는 기록도 있습니다). 더 나아가 어떤 이들은 알드머 자치령의 번성이 아침 식사 덕분이라고 주장하기도 합니다.

하지만 아이렌 여왕과 달리, 저는 여행을 떠나기 전까지는 이 속담에 동의하지 않았습니다. 아침 식사에 대한 좋은 기억이 없었기 때문입니다. 어릴 때부터 저는 냄새나는 사슴 내장과 싱거운 죽으로 가득 찬 식탁에서 매일 아침 눈을 떴습니다. 장로들과 아버지는 제가 아침을 제대로 먹지 않아서 체격이 왜소해졌다고 생각했습니다. 그래서인지 "광산에서 하루 종일 일하려면 밥심이 필요하다!"며 아침 식사를 강요했습니다. 지금 생각해 보면 저를 위한 마음이었겠지만, 당시에는 정말 괴로운 일이었습니다. 그래서 만약 선택권을 준다면 아침을 거르고 싶다는 생각을 항상 하곤 했습니다. 그리고 마침내 세상을 향한 여행을 시작하는 바로 그날, 저는 아침을 먹지 않았습니다. 아니, 먹지 못했다고 해야 할까요?

발라고그와 헤어진 후, 저는 리프튼으로 향하기로 했습니다. 거기서 국경을 넘어 시로딜로 갈 계획이었습니다. 이는 제 여행의 본격적인 시작이자 스카이림 밖으로의 첫걸음이었습니다. 저는 한 번도 스카이림을 떠나본 적이 없었기에, 새로운 모험에 대한 설렘과 두려움이 교차했습니다. 그래서인지 그날따라 이상하게 감상적이었습니다. 어제까지만 해도 새로운 사람들과 만나고, 스승님처럼 탐리엘 방방곡곡을 여행할 생각에 들떠 있었습니다. 하지만 막상 여행이 코앞으로 다가오니 불안감만 느껴졌습니다. 익숙한 것들과 작별하고 낯선 곳으로 떠난다는 사실이 저를 초조하게 만들었고 밤새 제대로 잠을 이루지 못했습니다. 여관 주인이 아침 식사로 따뜻한 죽을 준비해 줬지만, 저는 속이 울렁거려 먹을 수 없었습니다. 갑자기 올라오는 구토감에 바로 여관 밖으로 나가 신선한 공기를 마셨습니다.

저는 아침 내내 도시를 서성이며, 고민하고 또 고민했습니다. "무기를 잘 휘두르지도 못하면서 세상에 도전하는 건 미친 짓 아닐까?", "이 정도 긴장감으로도 속이 메스꺼운데, 미식가인 스승님처럼 성공적으로 여행을 마칠 수 있다고 생각하는 것 자체가 건방진 건 아닐까?", "그냥 집으로 돌아가는 게 현명한 선택이지 않을까?" 끊임없이 의문과 걱정이 교차했습니다. 해가 점점 머리 위로 떠올랐지만, 저는 어디로 가고 있는지조차 모른 채 발걸음을 옮겼습니다. 그러다 문득 저 자신이 얼마나 한심해 보이는지 깨달았습니다. 용기를 내어 새로운 세상으로 나아가기로 했건만, 이렇게 고민만 하고 있다니! 정신을 차리고 여관으로 되돌아가려고 했을 때, 갑자기 거친 손이 제 어깨를 잡았고, 자루가 제 머리에 씌워졌습니다. 다급하게 소리를 지르려 했지만, 뒤통수에 느껴지는 날카로운 고통과 함께 시야가 흐려졌습니다.

정신을 차렸을 때, 저는 차갑고 축축한 돌바닥 위에 누워 있었습니다. 손을 더듬거리자 엉성하게 깔린 지푸라기 몇 가닥만이 느껴졌고, 어둠 속에서 물방울이 떨어지는 소리만이 적막한 공간을 메우고 있었습니다. 소리를 질러 도움을 요청할지 생각했지만, 입안이 바싹 말라 목소리조차 나오지 않았습니다. 게다가 저를 납치한 자들이 해코지할까 두려웠습니다. 결국, 저는 어둠 속에 웅크리고 앉아, 텅 빈

배를 움켜쥐며 제 처지를 한탄할 수밖에 없었습니다.

"왜 하필 나한테 이런 일이 일어난 거지? 내가 무엇을 잘못한 걸까?" 제 첫 모험이 시작도 하기 전에 이렇게 비참하게 끝날 줄은 몰랐습니다.

시간이 흐르면서 배고픔은 점점 심해져만 갔고, 칼날 같은 추위가 뼛속까지 파고들었습니다. 지나가는 매 순간 고통스러운 배고픔이 몰려왔습니다. 며칠이나 지났을까요? 언제쯤 이곳에서 벗어날 수 있을까요? 어둠 속에서 시간 가는 줄도 모르고 있던 어느 순간, 마침내 인기척이 들려왔습니다. 바로 저를 납치한 자들의 목소리였습니다! 그들은 옆방에서 대화를 나누고 있었습니다.

"잡았어?"

"그래, 그레고프. 잡았어."

"그 미식가가 맞는 거 확실해?"

"자루를 씌우기 전에 '메슥... 미식...'이라고 중얼거리는 걸 분명히 들었고 가지고 있는 건 요리책과 프라이팬뿐이었어... 그런데..."

"그런데? 그럼, 진짜 그 불후의 미식가 아냐? 엄청난 몸값을 받을 수 있겠어! 뭐가 문제야?"

"글쎄... 문제라면..."

감옥의 문이 삐걱거리며 열리더니, 누군가 거칠게 제 머리에서 자루를 벗겼습니다.

"이 녀석이 오시머라는 거지."

희미한 불빛 속에서 눈을 깜빡이며 고개를 들자, 건장한 노드 세 명이 저를 내려다보고 있었습니다.

"할마르, 이 멍청아! 어떻게 오시머가 미식가일 수 있어?"

납치범들이 언쟁을 벌이는 동안, 저는 상황을 파악하려 애썼습니다. 그들이 저를 발라고그로 착각한 걸까요? 아니면 저를 미식가라고 생각하는 걸까요? 어찌 되었든 그들은 발라고그가 오시머라는 사실은 모르는 듯했습니다.

오랜 굶주림에 정신이 혼미해진 탓에 머리가 제대로 돌아가지 않았습니다. 하지만 어떻게든 살아남아야 한다는 절박함이 밀려왔고, 저는 간신히 용기를 내어 입을 열었습니다.

"저기요... 여러분..." 저는 쉰 목소리로 말했습니다.

"죄송하지만, 이쪽 멋진 신사분이 그레고프님이시죠? 그레고프님 말씀이 맞습니다. 전 미식가가 아니에요. 그저 가난한 초보 요리사일 뿐이죠."

배에서는 제 말을 뒷받침하듯 처량한 꼬르륵 소리가 났습니다. 아침을 거른 탓이었죠. 납치범들은 의심스러운 눈빛으로 저를 바라보았고, 저는 계속 말을 이어갔습니다.

"그리고 제 종족의 체면을 깎아내리고 싶진 않지만... 오시머가 미식가일 리 없잖습니까?! 설마 무식한 오시머가 솔리튜드 연어 수프, 솔리튜드빵, 사과를 넣은 으깬 감자, 솔리튜드식 아침 식사와 같은 기본적인 노드 요리조차 할 수 있다고 생각하세요?"

그들에게 오시머가 노드 음식을 요리한다는 발상 자체가 너무 황당했던 모양입니다. 결국, 그들은 저를 거칠게 거리에 내동댕이쳤습니다. 비틀거리는 걸음으로 간신히 여관에 도착한 뒤, 든든한 죽 한 그릇과 차 두 잔을 마셨습니다.

이번 일을 계기로 앞으로 닥쳐올 일이 무엇이든 견딜 수 있을 것 같았습니다. 또한, 앞으로는 빈속으로 이런 시련을 겪는 건 몇 배로 힘들다는 교훈을 얻었습니다. 다음 날 아침, 저는 맛있는 솔리튜드식 아침 식사를 배불리 먹고, 설레는 마음으로 스카이림 밖으로 첫 발을 내디뎠습니다.

빈 술통 선술집 특제 프리타타

이 프리타타는 보스머와 카짓 음식문화의 멋진 조화를 보여주는 대표적인 요리입니다. 저는 발렌우드의 깊은 숲을 떠나, 아렌시아에서 카짓 가족이 운영하는 '빈 술통'이라는 작은 선술집에 들렀습니다. 카짓 가족이 처음 프리타타를 선보였을 때는 별다른 호응을 얻지 못했다고 합니다. 너무 달콤하고 고기가 적다는 이유였죠. 하지만 그들은 포기하지 않고 보스머의 입맛에 맞게 재료를 조정해 나갔고, 지금은 선술집의 대표 요리가 되었다고 합니다. 선술집에서 내어준 프리타타는 신선한 채소로 가득했고, 풍부한 향과 맛이 일품이었습니다. 녹색 조약*을 엄격히 지키는 순수주의자들은 채소 대신 다른 재료를 사용해야 할지도 모릅니다.

난이도
준비 시간: 20분
조리 시간: 55분
양: 4인분
식이 정보: 데어리 프리, 글루텐 프리
종족: 보스머 / 카짓
필요 요리도구: 지름 25cm 크기 주물팬

구운 감자
유콘 골드 감자(중간질 감자) 340g, 껍질을 벗기고 큼직하게 잘라서
올리브유 1큰술
코셔 소금 1작은술
흑후추 가루 1작은술
설탕 1작은술
건조 타임 2작은술
건조 바질 1작은술
식용유 스프레이

프리타타
달걀 6개
식용유, 팬에 두르는 용도
초리소 소시지 230g, 큼직하게 잘라서
목살 베이컨 155g, 한입 크기로 잘라서
베이컨 85g, 한입 크기로 잘라서
양파 ½개, 큼직하게 잘라서
방울토마토 10개, 반으로 잘라서
마늘 3알, 다져서

*녹색 조약: 녹색 조약은 보스머가 자연의 신 이프레와 맺은 협약으로, 자연을 보호하고, 나무를 베지 않으며, 오직 고기만을 먹고, 전투에서 적을 죽이면 그 시체를 먹는다는 내용을 담고 있다.

구운 감자 만들기
1. 오븐을 220°C로 예열한다. 베이킹 시트에 식용유 스프레이를 뿌린다.
2. 중간 크기 믹싱볼에 감자, 올리브유, 소금, 후추, 설탕, 타임, 바질을 함께 넣고 모든 재료가 섞일 때까지 버무린다. 버무린 감자를 베이킹 시트로 옮긴다.
3. 오븐에 넣고 20분 동안 굽는다. 20분 후, 감자를 뒤집고 10분 더 굽는다. 구운 감자는 잠시 옆으로 치워둔다.

프리타타 만들기
1. 작은 믹싱볼에 달걀을 풀어 준비한다.
2. 주물팬에 식용유를 두르고 중불에 올린다. 초리소를 넣고 먹음직스러운 갈색이 될 때까지 볶은 후 접시에 담아둔다. 같은 주물팬에 베이컨을 넣고 굽는다. 구운 베이컨도 초리소와 같은 접시로 옮기되, 베이컨을 구울 때 나온 기름은 주물팬에 남겨둔다.
3. 베이컨을 구운 주물팬에 양파를 넣고 투명해질 때까지 5분 정도 볶는다. 토마토와 마늘을 추가로 넣고 3분 더 볶는다. 앞서 구워둔 감자, 초리소, 베이컨을 주물팬에 함께 넣는다. 주물팬에 있는 모든 재료가 잘 섞일 때까지 살짝 볶는다.
4. 풀어둔 달걀을 팬 전체에 골고루 부어 모든 재료와 잘 섞이도록 한다. 불을 약불로 내리고 뚜껑을 덮는다. 달걀이 반 정도 익을 때까지 7~10분 정도 익힌다.
5. 뚜껑을 열고 팬을 브로일러 아래에 놓는다. 달걀이 완전히 익고, 프리타타 윗부분이 살짝 갈색이 될 때까지 2~3분 정도 더 굽는다. 브로일러에서 꺼내 2분 정도 식힌 후 웨지 모양으로 잘라 내어낸다.

버블 앤드 스퀴크

대거폴로 가기 위해 일리악 만을 따라 항해하는 무역선에 탔습니다. 드넓은 바다와 그 위로 펼쳐진 하늘, 해안가에 자리 잡은 도시들... 전부 처음 보는 광경이었습니다. 특히 하늘 높이 솟은 아다만틴 탑이 깊은 인상을 남겼습니다. 아다만틴 탑은 아마도 탐리엘에서 가장 오래된 건축물일 겁니다. 어떤 이는 신들의 작품이라 하고, 또 다른 이는 사악한 마귀들을 가두기 위해 지어졌다고 하더군요.

선원들은 제가 만든 맛있는 아침 식사를 대가로 탑에 얽힌 기묘하고 신비로운 이야기들을 들려주었습니다. 저는 보통 전날 남은 음식으로 버블 앤드 스퀴크를 만들어 아침을 준비했습니다. 이 간단한 오리 덮밥에 배에 탄 사람들을 모두 배불리 먹을 수 있었습니다. 선원들은 일할 기운을 얻었고, 저는 그들에게서 놀라운 이야기를 들을 수 있었습니다.

난이도 ▮▮▯▯▯
준비 시간: 45분
숙성 시간: 30분
조리 시간: 30분
양: 4개
식이 정보: 글루텐 프리
종족: 브레튼

매쉬드 포테이토

러셋 감자(분질 감자) 225g,
    껍질을 벗기고 잘게 썰어서

무염버터 2큰술

사워크림 55g

코셔 소금, 취향껏(보통 넉넉한술이
    적당하다)

흑후추 가루, 취향껏

버블 앤드 스퀴크

오리 훈제 4장, 다져서

오리 기름 1큰술

배춧잎 7장, 잘게 썰어서

리크 1대, 흰색과 연두색 부분만
    사용, 잘게 썰어서

식용유, 팬에 두르는 용도

매쉬드 포테이토 만들기

1. 감자를 커다란 냄비에 넣는다. 감자가 충분히 잠길 정도로 물을 붓고 소금을 넣는다. 강불에서 끓이다가 물이 끓기 시작하면 약불로 줄여 15~20분 동안 감자가 부드러워질 때까지 삶는다. 물기를 제거하고 삶은 감자는 잠시 옆으로 치워 둔다.
2. 냄비를 중불에 올리고 버터와 사워크림을 넣는다. 버터가 완전히 녹으면 삶은 감자를 넣고 부드러워질 때까지 으깬다. 소금과 후추로 간을 맞춘다.

버블 앤드 스퀴크 만들기

1. 중간 크기 코팅팬을 중강불에 올린다. 오리 훈제를 넣고 겉이 바삭해질 때까지 굽는다. 구운 오리 훈제를 매쉬드 포테이토가 담긴 믹싱볼로 옮기고, 오리 훈제를 구울 때 나온 기름은 코팅팬에 남겨둔다.
2. 오리 훈제를 구운 코팅팬에 배춧잎, 리크를 넣는다. 리크와 배춧잎이 먹음직스러운 갈색이 될 때까지 10~12분 정도 볶는다. 볶은 채소를 나머지 재료가 담긴 믹싱볼로 옮긴다.
3. 믹싱볼에 담긴 모든 재료가 골고루 섞이도록 버무린다. 섞은 재료를 4덩어리로 나눈다. 베이킹 시트에 유산지를 깔아 준비한다. 각 덩어리를 동그란 패티 모양으로 만들어 준비한 베이킹 시트 위에 올린다. 덮개를 덮지 않고 30분 동안 냉장고에 넣어 굳힌다.
4. 커다란 주물팬을 중강불에 올린다. 식용유를 두르고 냉장고에서 패티를 꺼내 바로 주물팬에 올린다. 한 면이 먹음직스러운 갈색이 될 때까지 3~5분 동안 굽는다. 뒤집어서 반대편도 먹음직스러운 갈색이 되도록 3~5분 동안 굽는다. 따뜻할 때 바로 먹는다.

버섯 오믈렛

비터 코스트를 따라 떠돌던 중, 친절한 아르고니안을 만났습니다. 그는 조상들의 이야기와 함께 특별한 레시피를 전수해 주었습니다. 이 요리는 세이다 닌에 살았던 위대한 요리사 초우-초우가 처음 만들었다고 합니다. 재미있게도, 그 아르고니안은 자신이 버섯 오믈렛을 유난히 좋아하는 이유가 히스트*로부터 초우-초우의 영혼을 물려받았기 때문이라고 말했습니다. 그의 말이 농담인지 진담인지 알 수 없었지만, 그가 알려 준 버섯 오믈렛은 정말 맛있었습니다.

난이도
준비 시간: 15분
조리 시간: 20분
양: 1인분
식이 정보: 데어리 프리, 락토 오보 베지테리안
종족: 아르고니안

버섯 소테
올리브유 2큰술
샬롯 1개, 얇게 썰어서
노루궁뎅이버섯 140g, 다져서
느타리버섯 85g, 다져서
만가닥버섯 55g, 다져서
흑후추 가루 1작은술
코셔 소금 ½작은술

오믈렛
식용유, 팬에 두르는 용도
달걀 3개, 풀어서

*히스트: 아르고니안과 깊은 연관이 있는 거대한 나무이다. 히스트 자아를 가지고 있으며, 아르고니안은 그의 수액을 통해 정신적으로 연결되고, 특별한 힘을 얻는다고 한다. 히스트는 아르고니안의 정체성과 전생을 결정하는 중요한 역할을 하며, 그 본질은 신비에 싸여 있다.

버섯 소테 만들기
1. 중간 크기 프라이팬에 올리브유를 두르고 중강불에 올린다. 샬롯을 넣고 부드러워질 때까지 약 2분 동안 볶는다. 버섯을 넣고 갈색이 될 때까지 10~15분 동안 더 볶는다.
2. 불에서 내리고 후추와 소금으로 간을 맞춘다.

오믈렛 만들기
1. 중간 크기 프라이팬을 중불에 올린다. 프라이팬에 식용유를 살짝 두른다. 팬이 달궈지면 풀어놓은 달걀을 붓고 주걱으로 몇 번 가볍게 휘저어준다. 달걀을 프라이팬에 골고루 펼쳐서 가장자리가 익기 시작할 때까지 3분 정도 굽는다. 오믈렛을 조심스럽게 뒤집어 1분 정도 더 굽는다. 오믈렛을 프라이팬에서 꺼내 접시에 조심스럽게 올린다. 오믈렛의 반쪽에 볶은 버섯을 듬뿍 쌓아 올리고 나머지 반쪽을 접어 완성한다.

크와마알 해시

모로윈드 여행은 제게 많은 면에서 시야를 넓혀준 경험이었습니다. 스승님이 모로윈드를 혼자 여행하는 것이 너무 위험하다고 여러 번 강조했기에, 저는 대부분의 여행을 상단과 함께 했습니다. 레드마운틴은 끊임없이 울부짖었고, 하늘에는 화산재가 가득하여 태양을 거의 볼 수 없었습니다. 밤과 낮의 경계가 모호할 정도였습니다. 저는 여행 내내 시놀리라는 온로한 던머와 함께 말을 탔습니다. 그녀는 종종 젊은 시절의 무용담을 들려주곤 했습니다.

어느 날, 시놀리는 크와마 알 요리가 잃어버린 고향을 떠올리게 한다고 말했습니다. 다음 날 아침, 저는 몇 시간 동안 주변을 샅샅이 뒤져 크와마 둥지를 찾아냈습니다. 그리고 그녀에게 크와마 알을 가져다주었습니다. 그때 마주한 시놀리의 환한 미소는 이번 여행의 가장 빛나는 순간이었습니다.

난이도
준비 시간: 30분
조리 시간: 25분
양: 4인분
식이 정보: 락토 오보 베지테리안
종족: 던머
필요 요리도구: 지름 25cm 크기 주물팬

크와마알 해시
고춧가루 2작은술
쿠민 가루 1작은술
고수씨 가루 1작은술
파프리카 가루 1작은술
멕시칸 오레가노 1작은술
마늘가루 ½작은술
올리브유 2큰술, 1큰술씩 나눠서 준비
양파 1개, 다져서
빨간 피망 혹은 파프리카 1개, 다져서
마늘 2알, 잘게 다져서
고구마 2개, 껍질을 벗기고 깍둑썰어서
당근 2개, 껍질을 벗기고 깍둑썰어서
코셔 소금
흑후추 가루
오리알 4개

선택사항
페타 치즈, 고명
돈가스 소스, 고명

1. 작은 믹싱볼에 고춧가루, 쿠민 가루, 고수씨 가루, 파프리카 가루, 멕시칸 오레가노, 마늘가루를 넣고 고루 섞는다. 섞은 향신료 혼합물은 잠시 옆으로 치워 둔다.
2. 중간 크기 주물팬에 올리브유 1큰술을 두르고 중강불에 올린다. 양파와 피망을 넣고 부드러워질 때까지 8~10분 정도 볶는다.
3. 마늘을 넣고 2분 더 볶아준 뒤, 볶은 채소를 접시에 옮겨 담는다. 남은 올리브유 1큰술을 주물팬에 두르고 다시 중강불에 올린다. 고구마와 당근을 넣고 부드러워질 때까지 10~15분 정도 볶는다.
4. 앞서 볶은 양파와 피망을 주물팬에 다시 넣는다. 앞서 섞어둔 향신료 혼합물을 넣고 모든 재료와 골고루 섞이도록 잘 버무려준다. 소금과 후추로 간을 취향껏 맞춘다.
5. 완성된 해시 위에 작은 웅덩이를 4개 만든다. 각 웅덩이에 달걀을 하나씩 깨뜨려 넣는다. 뚜껑을 덮고 약 3분 동안 달걀을 익혀준다. 달걀이 깨지지 않도록 완성된 해시를 조심스럽게 떠낸다. 취향에 맞게 페타 치즈와 돈가스 소스를 얹어 마무리한다.

알드머 구휼죽

알트머의 역사를 살펴보면, 잦은 전쟁으로 부모와 형제를 잃은 아이들이 많았음을 알 수 있습니다. 이 보리죽은 그런 아이들을 위로하고, 희망을 주고자 만들어졌습니다. 오랜 세월이 흐르면서 그 기원은 조금씩 흐려졌지만, 아이들을 향한 따뜻한 마음만큼은 변함없이 이어져 왔습니다.

평화로웠던 시절, 알트머 자치령에서는 새 생명 축제에서 이 소박한 보리죽을 나누곤 했습니다. 아픈 과거를 기리는 의미였습니다. 하지만 최근 자치령과 제국의 긴장이 고조되면서, 일상에서도 보리죽을 끓이는 일이 잦아졌습니다. 부모를 잃은 아이들에게 따뜻한 한 끼를 제공하고, 군인들의 사기를 북돋우는 데 사용되고 있다고 합니다. 우리가 처한 이 어려운 시기를 기억하고, 미래에는 평화로운 시대가 오기를 바라는 마음으로 이 레시피를 이 책에 수록합니다.

난이도
준비 시간: 30분
숙성 시간: 2시간
조리 시간: 1시간
양: 2인분
식이 정보: 데어리 프리, 비건
종족: 알트머

죽
보리 ½컵
오트밀크 1컵
물 1컵, 상황에 따라 조금 더 준비
호박 퓨레 ¼컵
흑설탕 2큰술
시나몬 가루 ½작은술
생강가루 ¼작은술
올스파이스 가루 ¼작은술
정향 가루 한 꼬집
바닐라 페이스트 ½작은술
코셔 소금 한 꼬집

토핑
호박씨 ¼컵
호두 2큰술, 으깨서
피칸 2큰술, 으깨서
골든 레이즌 2큰술
건체리 2큰술

죽 만들기

1. 보리를 작은 믹싱볼에 담고 물을 충분히 붓는다. 믹싱볼을 면포로 덮고 보리를 2시간 동안 불린다. 불린 보리의 물기를 제거한다.
2. 중간 크기 냄비를 중불에 올린다. 우유, 물, 호박 퓨레, 흑설탕, 시나몬 가루, 생강가루, 올스파이스 가루, 정향 가루, 바닐라 페이스트, 소금을 냄비에 넣고 잘 섞는다. 끓기 시작하면 불린 보리를 넣고 약불로 줄인다. 뚜껑을 덮고 보리가 부드러워질 때까지 45~60분 동안 조리한다.

참고: 죽이 끓기 시작한 지 30분 정도 지났을 때 한 번 확인해 보는 것이 좋다. 냄비 안의 물이 완전히 졸아들었다면 물을 더 넣어준다. 보리의 식감이 부드럽지 않다면 물을 조금씩 넣으면서 부드러워질 때까지 계속 끓인다.

완성하기

1. 작은 믹싱볼에 호박씨, 호두, 피칸, 골든 레이즌, 건체리를 함께 담고 골고루 섞는다. 완성된 죽을 두 개의 그릇에 나누어 담고 섞어둔 토핑을 취향껏 얹어 마무리한다.

화이트-골드 스콘

이 맛있는 스콘은 시로딜에서 아침 식사로 많은 인기를 누리고 있습니다. 배가 들어간 스콘은 제4시대 175년 이전에도 종종 만들어졌지만, 지금처럼 유행하기 시작한 것은 화이트-골드 협정*이 체결된 이후부터입니다. 당시 제국은 협정에 대한 시민의 인식을 개선하기 위해 하얗고 금빛이 도는 새로운 스콘 레시피를 선보였습니다. 이 레시피는 기존 스콘의 달콤한 맛을 한층 더 끌어올리는 효과가 있었습니다. 그 결과, 화이트-골드 스콘에 대한 수요는 급증했습니다. 하지만 원래 목표였던 화이트-골드 협정에 대한 지지도는 기대만큼 높아지지 않았습니다. 사람들은 맛있는 스콘을 즐기기만 했지, 그것이 지닌 정치적 의미에는 무관심했던 겁니다.

난이도
준비 시간: 15분
숙성 시간: 35분
조리 시간: 40분
양: 8개
식이 정보: 락토 오보 베지테리안
종족: 임페리얼

식용유, 베이킹 시트에 두르는 용도
무염 버터 2큰술
서양배 1½컵, 껍질과 씨를
  제거하고 잘게 다져서
중력분 2¼컵
베이킹파우더 2작은술
코셔 소금 1작은술
시나몬 가루 ½작은술
올스파이스 가루 ½작은술
정향 가루 ¼작은술
백설탕 ½컵
무염 버터 ½컵, 깍둑썬 뒤 얼려서
버터밀크 1컵
바닐라 익스트랙 1작은술
생크림 1큰술

*화이트-골드 협정: 제국과 알드머 자치령 간의 평화 조약으로, 제국 내에서의 탈로스 숭배를 금지하고 일부 영토를 자치령에 양도하는 내용을 담고 있다. 이 협정은 자치령의 영향력을 강화했고, 제국 내에서 많은 반발을 일으켰다.

1. 베이킹 시트에 유산지를 깔고 식용유를 두른다. 잠시 옆으로 치워 둔다.
2. 작은 코팅팬에 버터를 넣고 중강불에 올린다. 배를 넣고 살짝 갈색이 될 때까지 8~10분 정도 볶는다. 배가 완전히 식을 때까지 잠시 옆으로 치워둔다.
3. 커다란 믹싱볼에 중력분, 베이킹파우더, 소금, 시나몬 가루, 올스파이스 가루, 정향 가루, 설탕을 함께 넣고 섞는다.
4. 얼린 버터를 넣고 거친 빵가루와 같은 질감이 될 때까지 고루 섞는다. 볶은 배를 넣고 섞는다. 작은 믹싱볼에 버터밀크와 바닐라 익스트랙을 넣고 섞는다. 버터밀크를 반죽이 담긴 커다란 믹싱볼에 넣고 반죽이 뭉쳐지는 상태가 때까지 섞는다. 다만, 너무 오래 반죽하지 않도록 주의한다.
5. 반죽을 작업대로 옮겨 지름 20cm 크기 원형으로 만든 뒤, 8등분으로 자른다. 자른 반죽을 준비해 둔 베이킹 시트 위에 올린다. 냉동실에 넣고 30분간 휴지시킨다.
6. 오븐을 190°C로 예열한다. 각 반죽 위에 생크림을 골고루 바른다. 오븐에서 표면이 황금빛 갈색이 될 때까지 30~35분 동안 굽는다.

솔리튜드 브랙퍼스트

솔리튜드에서 보낸 3개월은 정말 행복했습니다. 스카이림의 대도시 중에서도 솔리튜드만큼 독특한 분위기를 가진 곳은 없을 겁니다! 발라고그에게 요리를 배우는 시간을 제외하면, 주로 부두를 따라 산책하며 동제국 회사가 들여온 각지의 다양한 음식 재료들을 구경하곤 했습니다.

솔리튜드에는 많은 제국군이 주둔해 있었는데, 그들은 매일 광장에서 훈련하고, 거리를 순찰하며, 밤늦게까지 술을 마시곤 했습니다. 제가 묵었던 윙킹 스키버 여관은 군인들이 즐겨 찾는 술집이기도 했습니다. 어느 날 밤, 20여 명의 군인이 술을 진탕 마시는 걸 보았는데, 놀랍게도 다음 날 아침 그들은 멀쩡하게 자리에 앉아 푸짐한 아침 식사를 하고 있었습니다! 군인들은 이 솔리튜드식 아침 식사가 가장 완벽한 숙취 해소제라고 주장했습니다. 정말로 콩과 소시지, 연어를 곁들인 토스트가 숙취 해소에 효과가 있는지는 모르겠지만, 이 전형적인 노드식 아침 식사가 무척 맛있다는 것만은 확실합니다.

난이도 ◆◆◆◇◇
준비 시간: 1시간 30분
숙성 시간: 2시간
조리 시간: 1시간
양: 4~6인분
식이 정보: 해당 없음
종족: 노드 / 브레튼

연어 스프레드
크림치즈 230g
사워크림 85g
훈제 연어 115g, 다져서
딜 1작은술
캐러웨이 씨드 ½작은술
레몬 제스트 1작은술
레몬즙 2작은술
흑후추 가루 ½작은술

구운 채소
식용유, 베이킹 시트에 두르는 용도
유콘 골드 감자(중간질 감자) 900g, 껍질을 벗기고 큼직하게 썰어서
올리브유 2큰술
코셔 소금 1작은술
흑후추 가루 ½작은술
건조 타임 1작은술
양송이버섯 20개, 4등분 해서
방울토마토 20개

연어 스프레드 만들기
1. 중간 크기 믹싱볼에 크림치즈와 사워크림을 넣고 섞는다.
2. 연어, 딜, 캐러웨이 씨드, 레몬 제스트, 레몬즙, 후추를 넣고 모든 재료가 잘 섞일 때까지 버무린다. 밀폐 용기에 담아 냉장 보관 시 최대 1주일 동안 신선하게 보관할 수 있다.

구운 채소 만들기
1. 오븐을 220℃로 예열한다. 베이킹 시트에 식용유를 두르고 잠시 옆으로 치워 둔다.
2. 감자를 중간 크기 냄비에 넣는다. 감자가 충분히 잠길 정도로 물을 붓고 냄비를 중강불에 올린다. 물이 끓으면 중불로 내리고 10분 동안 삶는다. 감자의 물기를 제거하고 중간 크기 믹싱볼로 옮긴다.
3. 믹싱볼에 올리브유, 소금, 후추, 타임을 넣고 감자와 함께 버무린다. 버무린 감자를 준비한 베이킹 시트로 옮긴다.
4. 오븐에 넣고 10분 동안 굽는다. 감자를 뒤집어 주고 베이킹 시트에 버섯과 토마토를 추가해 20분 동안 더 굽는다. 다른 재료가 완성될 때까지 따뜻하게 보관한다.

다음 페이지에서 계속...

베이크드 빈즈

올리브유 1큰술

양파 ¼개, 잘게 다져서

마늘 1알, 다져서

토마토 페이스트 2큰술

꿀 1큰술

우스터소스 ½작은술

당밀 1작은술

흑설탕 1큰술

코셔 소금 ½작은술

흑후추 가루 ½작은술

닭 육수 ½컵

사과주스 2큰술

애플사이다비네거 1작은술

흰강낭콩 통조림 425g, 물을
　따라내고 한 번 헹궈서

옥수수 전분 ½큰술

물 1큰술

노드식 곁들임

훈제 연어 170g

완숙 달걀 8개, 껍데기를 벗겨서

솔리튜드빵(73쪽), 썰어서,
　곁들임용

브리 치즈 230g

얄스버그 치즈 230g

스키르 요거트 455g

블루베리 170g

브레튼식 곁들임

목살 베이컨 12장, 노릇하게
　구워서

소시지 10줄, 노릇하게 구워서

참고: 얄스버그 치즈가 없다면 스위스 치즈, 그뤼에르 치즈, 또는 에멘탈 치즈를 대신 사용할 수 있다. 스키르는 아이슬란드에서 즐겨 먹는 요거트의 한 종류이다. 스키르가 없다면 그릭 요거트를 대신 사용할 수 있다.

베이크드 빈즈 만들기

1. 채소가 구워지는 동안 중간 크기 냄비에 올리브유를 두르고 중강불에 올린다. 양파와 마늘을 넣고 양파가 부드러워질 때까지 8분 정도 볶는다. 토마토 페이스트, 꿀, 우스터 소스, 당밀, 흑설탕, 소금, 후추를 넣는다. 모든 재료가 잘 섞일 때 까지 조금 더 볶는다.
2. 닭 육수, 사과주스, 애플사이다비네거를 넣고 모든 재료가 잘 섞일 때까지 저어준다. 끓으면 약불로 내리고 10분 동안 조리한다.
3. 흰강낭콩을 넣고 10분 더 조리한다. 작은 믹싱볼에 옥수수 전분과 물을 섞어 전분물을 만든다. 냄비에 전분물을 넣고 잘 섞은 뒤 소스가 걸쭉해질 때까지 2분 정도 저어준다. 제공할 준비가 될 때까지 따뜻하게 보관한다.

완성하기

1. 베이크드 빈즈와 구운 채소가 조리되는 동안 연어 스프레드를 냉장고에서 꺼내 완성하기 15분 전에 실온에서 냉기를 빼준다.
2. 넓고 커다란 쟁반이나 접시에 구운 채소, 훈제 연어, 삶은 달걀, 브리 치즈, 얄스버그 치즈를 보기 좋게 담는다. 베이컨과 소시지를 다른 접시에 담는다. 커다란 컵이나 그릇에 스키르 요거트를 담고 블루베리를 위에 얹거나 옆에 곁들인다.
3. 베이크드 빈즈와 연어 스프레드 또한 컵이나 그릇에 담아 함께 차려낸다. 솔리튜드빵을 여러 장 잘라서 곁들여 완성한다.

두꺼비 머핀

몇 년 전, 브레나강 어귀의 리하드라는 도시에서 첫 파종* 기간의 26일을 보냈습니다. 마침 레드가드의 큰 명절인 칼날의 축제 기간이었죠. 리하드는 해머펠 중심지와 멀리 떨어진 알리키어 사막 남쪽에 위치해 있지만, 그곳 사람들도 칼날의 축제를 성대하게 기념했습니다.

축제를 즐기던 중, 우울해 보이는 레드가드 소년을 만났습니다. 그 소년은 스커틀** 퐁듀나 염소 꼬치 같은 축제 음식을 사기에는 용돈이 부족하다고 하소연했습니다. 집에 있는 재료로는 맛없기로 소문난 두꺼비 머핀밖에 만들 수 없다며 울상을 지었죠. 하지만 그 소년은 제가 맛없는 음식도 맛있게 만드는 데 능숙한 요리사라는 것을 몰랐습니다. 다음 날 아침, 제가 가진 향신료로 부드럽고 풍미 넘치는 그레이비소스를 곁들인 근사한 머핀을 만들었습니다. 이 특별한 두꺼비 머핀을 맛본 사람은 누구나 그 맛에 반하게 될 것입니다!

난이도: ◈◈◈◇◇
준비 시간: 30분
숙성 시간: 4시간
조리 시간: 1시간
양: 12개
식이 정보: 해당 없음
종족: 레드가드
필요 요리도구: 머핀틀

두꺼비 머핀

중력분 1컵
코셔 소금 ½작은술
쿠민 가루 1작은술
시나몬 가루 ½작은술
정향 가루 ¼작은술
달걀 3개
우유 1컵
땅콩기름 ¼컵
블랙퍼스트 소시지 12개, 반으로 잘라서

* **첫 파종**: 엘더스크롤 세계관의 역법상 3월에 해당한다.
** **스커틀**: 모로윈드에 서식하는 딱정벌레의 기름진 살로 만든 음식재료. 치즈와 유사하게 생겼다.

두꺼비 머핀 만들기

1. 중간 크기 믹싱볼에 중력분, 소금, 쿠민 가루, 시나몬 가루, 정향 가루를 넣고 섞는다. 달걀과 우유를 넣고 뭉치는 부분이 없도록 휘저어 섞는다. 믹싱볼에 비닐랩을 씌우고 냉장고에 넣어 4시간 정도 휴지시킨다.
2. 오븐을 220°C로 예열한다.
3. 머핀틀의 각 칸에 땅콩기름을 1작은술씩 채워 준비한다. 각 칸에 소시지를 반 개씩 넣는다. 오븐에 넣고 10분 동안 굽는다.

참고: 기름이 넘쳐 흘러내리는 것을 방지하기 위해 머핀틀 아래에 베이킹 시트를 깔아두는 것이 좋다. 또한, 위생과 안전을 위해 주방을 깔끔하게 유지하는 것을 명심한다!

4. 머핀 틀을 오븐에서 꺼내 각 칸의 ¾지점까지 반죽을 재빨리 붓는다. 다시 오븐에 넣고 15~20분 동안 머핀이 잘 부풀어 오르고 표면이 황금빛 갈색이 될 때까지 굽는다.

다음 페이지에서 계속...

그레이비소스

- 올리브유 1큰술
- 양파 1개, 잘게 다져서
- 코셔 소금
- 오리 기름 1큰술
- 중력분 2큰술
- 닭 육수 1½컵
- 우스터 소스 1작은술
- 하리사*** 3큰술
- 흑후추 가루

*** **하리사**: 북아프리카, 특히 튀니지에서 널리 사용되는 고추 페이스트. 주로 고추, 마늘, 올리브유, 쿠민, 고수씨, 캐러웨이 씨드 등을 섞어 만든다. 고기 요리, 스튜, 수프, 쿠스쿠스 등에 풍미를 더하는 데 사용된다.

그레이비소스 만들기

1. 중간 크기 코팅팬에 올리브유를 두르고 중불에 올린다. 양파를 넣고 투명해질 때까지 2분간 볶는다.
2. 소금 한 꼬집을 넣고 잘 저어준 뒤 약불로 줄인다. 양파가 황금빛 갈색으로 캐러멜화될 때까지 30~45분 정도 계속 저어가며 볶는다.
3. 오리 기름을 넣고 완전히 녹을 때까지 섞는다. 오리 기름이 녹으면 중력분을 조금씩 넣으면서 계속 저어준다.
4. 닭 육수, 우스터 소스, 하리사를 조금씩 넣는다. 소스가 진한 갈색이 되고 고소한 냄새가 날 때까지 계속 젓는다. 천천히 쉬지 않고 계속 저어주어야 부드러운 질감의 그레이비소스를 얻을 수 있다.
5. 소스가 원하는 농도가 되었다면 소금과 후추로 간을 맞춘다. 제공할 때까지 따뜻하게 보관한다.

완성하기

1. 두꺼비 머핀을 조심스럽게 머핀틀에서 꺼내 그레이비소스를 곁들여 먹는다. 만든 당일 먹는 것이 가장 맛있다.

오르조가의 양대창 주머니

이 레시피는 저에게 특별한 의미가 있습니다. 제 일족의 뿌리와 연관되어 있을 뿐만 아니라, 제가 재현해 본 가장 오래된 역사적 음식이기 때문이죠.

어린 시절, 아버지의 친구분이 모르 카즈구르로 작은 상자를 가져왔습니다. 그 안에는 브레튼으로부터 되찾은 오시머의 유물들이 가득했습니다. 오랜 세월을 견뎌낸 유물 중에는 제2시대 오시너룸에서 열린 웅장한 연회를 기록한 책도 있었죠. 그 책에 기록된 수많은 요리 중 독특한 모양을 한 파이가 제 눈길을 사로잡았습니다. 저는 그 파이를 완벽히 재현하기 위해 몇 주 동안 연구하고 실험했습니다. 수많은 시행착오 끝에 마침내 성공했고, 모르 카즈구르 사람들 사이에서 많은 인기를 얻었습니다. 여기 소개된 레시피는 누구나 쉽게 만들 수 있도록 살짝 변형한 버전입니다. 그럼에도 불구하고, 이 파이를 처음 고안한 용맹한 사령관이자 뛰어난 요리사의 정신은 그대로 담겨 있습니다.

난이도
준비 시간: 30분
숙성 시간: 30분
조리 시간: 45분
양: 6개
식이 정보: 해당 없음
종족: 오시머

속 재료

닭 근위 450g
코셔 소금 1½작은술
흑후추 가루 ½작은술
양조간장 ⅓컵
맛술 ¼컵
청주 1작은술
흑설탕 1큰술
생강가루 2작은술
마늘가루 1작은술
올리브유 1큰술
대파 5대, 흰 부분과 연두색 부분만 사용, 다져서
표고버섯 2개, 다져서

속 재료 만들기

1. 닭 근위를 손질한다. 지방과 힘줄은 잘라내어 버리고 붉은 살코기 부분만 중간 크기 믹싱볼에 담는다. 준비한 닭 근위에 소금 1작은술을 뿌려 버무려 준 뒤 5분 동안 재운다.
2. 닭 근위를 흐르는 물에 깨끗이 헹구고 작게 썰어 잠시 옆으로 치워 둔다. 작은 믹싱볼에 남은 소금, 후추, 간장, 맛술, 청주, 흑설탕, 생강가루, 마늘가루를 함께 넣고 골고루 섞어 소스를 만든 후 잠시 옆으로 치워 둔다.
3. 중간 크기 코팅팬에 올리브유를 두르고 중강불에 올린다. 닭 근위를 넣고 먹음직스러운 갈색이 될 때까지 3분 정도 볶는다. 대파와 표고버섯을 넣고 연한 갈색이 될 때까지 8~10분 정도 더 볶는다.
4. 앞서 만들어둔 소스를 넣고 잘 섞은 뒤, 소스가 거의 졸아들 때까지 5분 정도 볶는다. 잠시 옆으로 치워 둔다.

다음 페이지에서 계속...

완성하기

달걀 4개

식용유, 팬에 두르는 용

슈레드 모차렐라 치즈 ½컵

퍼프 페이스트리 생지 2장, 해동해서

완성하기

1. 중간 크기 믹싱볼에 달걀을 풀어 잘 섞어준다. 프라이팬에 식용유를 두르고 중불에 올린다.
2. 달걀을 프라이팬에 붓고 저어준다. 달걀이 거의 익고 부드러운 덩어리가 될 때 모차렐라 치즈를 넣고 섞는다. 치즈가 녹을 때까지 볶는다. 볶은 달걀을 중간 크기 믹싱볼로 옮긴다.
3. 볶은 닭 근위를 볶은 달걀이 담긴 믹싱볼에 넣고 달걀과 잘 섞일 때까지 버무린다. 잠시 옆으로 치워 둔다.
4. 오븐을 180°C로 예열한다. 커다란 베이킹 시트에 유산지를 깔아 준비한다.
5. 페이스트리 생지를 세로로 삼등분한다. 총 6개의 조각이 나와야 한다.
6. 조각 하나를 꺼내 아래쪽 절반에 속 재료를 올린다. 페이스트리 조각의 위쪽 절반을 접어 속 재료를 덮는다. 포크로 가장자리를 꾹꾹 눌러 밀봉하여 주머니를 완성한다. 주머니를 준비한 베이킹 시트로 옮기고 위에 작은 구멍 두 개를 뚫는다. 남은 페이스트리 조각과 속 재료로 이 과정을 반복한다.
7. 모든 주머니를 완성했으면 오븐에 넣고 페이스트리가 완전히 익을 때까지 20~25분 동안 굽는다.
8. 오븐 온도를 220°C로 올리고 주머니의 윗부분이 먹음직스러운 황금빛이 될 때까지 2~5분 더 굽는다. 오븐에서 꺼내 5분 정도 식힌 후 맛있게 먹는다.

참고: 페이스트리는 쉽게 탈 수 있으니 주의해야 한다.

라진의 설탕 발톱

여행 중에 길 위에서 새해를 맞이하는 경우가 종종 있었습니다. 한번은 운 좋게도 엘스웨어 출신의 카짓 모험가들과 우연히 마주치게 되었죠. 그들은 즉석에서 새해 축제를 벌였고, 저를 모닥불 곁으로 초대해 주었습니다. 저는 감사의 마음을 담아 모든 카즈군 스타일의 닭 요리(131페이지 참고)를 만들어 대접했습니다. 카짓들은 고마움의 표시로 '다섯 발톱 간계의 시련*'을 위한 동전 훔치기 기술을 가르쳐 주려 했지만, 저는 그쪽으로는 영 재능이 없었습니다. 하지만 그들이 만들어 준 라진에 대한 경의를 담은 달콤한 페이스트리는 정말 맛있었습니다. 비록 저는 훌륭한 도둑이 되지는 못했지만, 그 페이스트리를 어느 정도 재현하는 데 성공했다고 자부합니다.

난이도 ▮▮▮▯▯
준비 시간: 30분
숙성 시간: 30분
조리 시간: 15분
양: 12개
식이 정보: 락토 오보 베지테리안
종족: 카짓

속 재료
- 흑임자 가루 3큰술
- 시나몬 가루 1큰술
- 카다멈 가루 2작은술
- 황설탕 2큰술
- 코셔 소금 한 꼬집

설탕 발톱
- 퍼프 페이스트리 생지 2장, 해동해서
- 무염 버터 2큰술, 녹인 후 다시 굳혀서
- 달걀노른자 1개
- 아마레토** 1큰술
- 백설탕 2작은술
- 검은깨 2작은술
- 시나몬 가루 ½작은술

*__다섯 발톱 간계의 시련:__ 카짓들이 성인이 되기 위해 치르는 의식으로, 용기, 정직, 충성, 지혜, 자비의 다섯 가지 덕목을 시험한다. 이를 통과하면 카짓은 완전한 성인으로 인정받는다.

**__아마레토:__ 이탈리아에서 유래한 달콤한 리큐르로, 독특한 향과 풍미 때문에 칵테일, 디저트 등에 널리 사용된다.

속 재료 만들기
1. 작은 믹싱볼에 흑임자 가루, 시나몬 가루, 카다멈 가루, 황설탕, 소금을 넣고 고루 섞이도록 잘 저어준다. 잠시 옆으로 치워 둔다.

설탕 발톱 만들기
1. 커다란 베이킹 시트에 유산지를 깔아 준비한다. 잠시 옆으로 치워 둔다.
2. 페이스트리 생지를 동일한 길이의 세 조각으로 잘라 준비한다.
3. 조각 하나를 가로로 눕히고, 가장자리에서 1.5cm 정도 여유를 두고 버터를 고르게 바른다.
4. 앞서 만들어 둔 속 재료를 페이스트리 조각 위에 올리고 살짝 눌러 준 뒤, 페이스트리 생지의 아랫부분을 말아 올리고 끝을 잘 붙인다. 롤을 반으로 잘라 두 개의 설탕 발톱을 만든다.
5. 한 설탕 발톱의 가장자리에 ⅔정도 되는 곳까지 다섯 개의 칼집을 깊지 않게 넣어준다. 이를 준비한 베이킹 시트로 옮기고 칼집이 벌어지도록 살짝 구부려 준다. 각 페이스트리 주변에 2.5cm 정도의 여유 공간을 둔다.
6. 남은 페이스트리 조각과 속 재료로 3~5단계를 반복한다. 총 12개의 설탕 발톱이 나올 것이다.
7. 설탕 발톱을 냉동실에 넣고 30분 동안 휴지시킨다.
8. 오븐을 200°C로 예열한다.
9. 작은 믹싱볼에 달걀노른자와 아마레토를 함께 넣고 잘 휘저어 섞는다. 다른 작은 믹싱볼에는 설탕, 검은깨, 시나몬을 넣고 골고루 섞는다.
10. 각 설탕 발톱에 달걀물을 바르고 설탕 혼합물을 뿌린다. 먹음직스러운 황금빛이 될 때까지 12~15분 동안 굽는다.

다음 페이지에서 계속...

글레이즈
무염 버터 1큰술, 녹여서
슈가파우더 ½컵
코셔 소금 한 꼬집
바닐라 페이스트 1작은술
우유 2큰술

글레이즈 만들기
1. 설탕 발톱이 구워지는 동안 또 다른 작은 믹싱볼에 버터, 슈가파우더, 소금, 바닐라 페이스트, 우유를 함께 넣고 뭉치는 부분이 없도록 골고루 섞어준다.
2. 오븐에서 꺼낸 설탕 발톱을 5분 정도 식힌 후, 완성한 글레이즈를 설탕 발톱 위에 적당량 뿌려준다. 따뜻할 때 바로 먹는다.

전채음식

알리키어 비트 카나페	45
팔리네스티 선악과	47
골드코스트 진흙게 튀김	49
콜로피	41
센티넬 염소고지	53
트롤 지방 육포	55
엘스웨어 옥수수 프리터	57
노래하는 뿌리 샐러드	59
하운드 들쥐 파이	61

전채음식

여행을 하는 동안 종종 현지인들의 정성 어린 식탁에 초대받곤 했습니다. 그 순간들은 저에게 매우 소중했습니다. 길거리에서 허기를 달래기 위해 먹었던 구운 개미와 같은 음식과 비교하면, 콜로피나 옥수수 프리터 같은 간단한 전채요리도 마치 산해진미처럼 느껴졌습니다.

스킨그라드 성에 도착했을 때, 맛있는 식사를 할 수 있으리라는 기대감이 저를 사로잡았습니다. 스킨그라드는 신선한 토마토와 잘 숙성된 치즈로 유명하며, 미식을 이야기할 때 항상 거론되는 도시 중 하나입니다. 기대는 현실이 되었고, 스킨그라드는 저를 실망하게 하지 않았습니다.

며칠 후, 저는 다음 주 로레다스'에 열린다는 '스킨그라드 고급 요리 대회'의 소식을 들었습니다. 성 안팎의 모든 요리사가 초대받았고, 우승 상품은 제가 본 것 중 가장 화려한 주방 도구 세트였습니다. 순도 높은 강철로 만든 냄비와 금박으로 장식된 주걱까지! 로레다스가 되면 주방 도구 세트는 어느새 제 손안에 있을 것만 같았습니다.

하지만 곧 제가 어리석었다는 것을 깨달았습니다. '모든 요리사'라는 말은 다양한 배경을 가진 전문 요리사들이 제 경쟁자라는 뜻이었습니다. 그들은 고급 요리에 대해 저보다 훨씬 더 풍부한 경험이 있을 게 분명했습니다. 설상가상으로 자금이 부족해 연습실을 빌릴 여유조차 없었습니다. 그래서 대회가 열리기까지 매일같이 다 쓰러져가는 여관의 낡은 주방을 빌려 연습하며, 여관 주인인 에멜로리아 할머니께 푸념을 늘어놓곤 했습니다.

"할머니, 저도 우승 상품과 같은 화려한 조리도구가 있었더라면 얼마나 좋을까요? 분명 다른 요리사들은 이번 대회에 사용할 근사한 조리기구를 가지고 있을 거예요. 그런 멋진 물건들은 그들에겐 별거 아니겠죠. 이번 대회는 그들에겐 그저 장난이나 다름없을 거예요..."

에멜로리아 할머니는 따뜻한 미소를 지으며 저를 바라보았습니다. "얘야, 너무 속상해하지 말렴. 사람마다 중요하게 여기는 게 다를 수 있단다. 그런 생각에 빠지지 말고, 이 피타칩 좀 먹으면서 기운 내자꾸나."

저는 매일 후추를 듬뿍 뿌린 피타칩을 허겁지겁 먹으며, 어떤 요리 구성이 심사위원들의 입맛을 사로잡을지, 어떻게 하면 매력적으로 요리를 장식할 수 있을지 고민에 빠졌습니다. 에멜로리아 할머니는 묵묵히 곁에서 고민을 들어주었고, 덕분에 코스 요리의 전반적인 구성은 완성할 수 있었습니다. 그러나 한 가지, 전채 요리가 마음에 걸렸습니다. 대회 전날 아침까지도 저는 만족스러운 전채 요리를 만들어내지 못한 채 머리를 싸매고 있었습니다.

"이유는 모르겠지만, 이 요리가 그냥 딱 맞지 않는 것 같아요." 저는 제가 만든 다양한 소스를 곁들인 푸른 잠자리 튀김을 에멜로리아 할머니 앞으로 밀어주고 피타칩 그릇을 제 쪽으로 끌어당겼

습니다.

"흠..." 에멜로리아 할머니는 잠자리 튀김을 집어 들고 맛을 보며 생각에 잠겼습니다. 그리고 잠시 뜸을 들이시더니 이내 말했습니다.

"문제가 뭔지 알 것 같구나, 얘야. 물론 이 요리는 멋지고, 난생 처음 먹어보는 특별한 맛이야. 하지만 전채 요리로서는... 어떻게 표현하면 좋을까? 더 먹고 싶어 하게 만드는 그런 매력이 좀 부족한 것 같아."

에멜로리아 할머니의 말씀이 맞았습니다. 바로 그거였어요. 저는 좌절감에 고개를 떨구고 피타칩을 바라보았습니다. 새로운 전채 요리를 만들어내기까지 남은 시간은 단 하루뿐이었습니다. 심사위원들의 식욕을 자극하면서도, 감칠나는 그런 요리! 하지만 도대체 그런 요리를 어디서 찾아야 할지 감이 오질 않았습니다.

그 순간 번뜩이는 아이디어가 떠올랐습니다. 저는 피타칩이 담긴 그릇을 뚫어지게 바라보며 물었습니다. "이 피타칩은 원래 여관에서 팔던 메뉴인가요?"

"아, 피타칩 말이냐? 보통 저녁 식사 전에 튀겨서 그릇에 담아두곤 했었지. 손님들이 기다리는 동안 조금씩 집어먹을 수 있게 말이야. 물론, 어디까지나 남편이 내 돈을 들고 도망가기 전의 이야기지... 덕분에 지금은 제공하지 못하고 있어. 망할 영감탱이 같으니라고!" 에멜로리아 할머니는 옛 기억을 떠올리며 푸념을 늘어놓았습니다.

저는 눈을 반짝이며 할머니께 여쭈었습니다. "혹시 이 피타칩 만드는 법을 저에게 가르쳐 주실 수 있으신가요?"

역시나 제 생각이 맞았습니다. 에멜로리아 할머니의 바삭바삭한 피타칩이 심사위원들의 혀와 위를 단번에 사로잡았습니다! 그런데 대회 전체를 돌아보니 제가 그렇게 고민하고 땀 흘릴 필요가 없었다는 사실을 깨닫게 되었습니다. 대부분의 요리사들은 번쩍이는 고급 조리도구는 있었지만, 정작 요리 실력은 그에 미치지 못했기 때문입니다.

저는 손쉽게 화려한 주방 도구 세트를 따냈습니다. 하지만 금으로 장식된 프라이팬을 들어보니 생각보다 무거웠고, 이 무거운 걸 들고 다니며 여행하기란 무리겠다는 생각이 들었습니다. 형이 만들어준 프라이팬이 그리워졌습니다. 걸보기엔 평범했지만, 그 가벼움과 편안함은 어디서도 찾을 수 없는 특별한 것이었죠.

저는 대회에서 받은 주방 도구 세트를 에멜로리아 할머니께 선물로 드렸습니다. 마지막으로 들은 소식에 따르면, 할머니는 도구 중 일부를 팔아 낡은 여관을 말끔히 수리했고, 나머지는 피타칩과 푸른 잠자리 튀김을 만드는 데 유용하게 사용하고 계신다고 합니다.

* **로레다스**: 엘더스크롤 세계관의 역법상 토요일에 해당한다.

알리키어 비트 카나페

여행을 떠나기 전, 저는 알리키어 사막의 다양한 유적을 탐험하는 것을 기대했습니다. 고대 유적은 제가 어릴 적부터 동경해온 장소였기 때문입니다. 하지만 꿈과 현실은 달랐습니다. 사막의 태양은 저를 녹여버릴 것만 같았고, 사구 너머에서 도적들이 나타날 것 같은 착각에 자주 빠졌습니다. 하지만 눈을 깜빡이면 그저 신기루일 뿐이었습니다. 한밤중에는 거의 얼어 죽을 뻔했습니다. 만약 리산이라는 친절한 염소치기와 그의 염소 떼를 우연히 만나지 않았더라면 정말 위험했을 것입니다.

제가 드라우그처럼 비틀거리며 다가가자, 리산은 깜짝 놀라 방어 자세를 취했습니다. 다행히도 떨리는 목소리를 간신히 가다듬고 도움을 요청할 수 있었습니다. 리산은 즉시 상황을 파악하고, 따뜻한 염소 털 담요를 둘러주었습니다. 그 인연으로 리산과 저는 지금까지도 편지를 주고받는 친구로 지내고 있습니다. 이 카나페는 리산이 알려준 레시피로 만든 것입니다. 그는 이 요리를 모음집에 꼭 넣어 달라고 부탁했답니다.

난이도
준비 시간: 1시간
조리 시간: 50분
숙성 시간: 2시간
양: 10개
식이 정보: 락토 오보 베지테리안
종족: 레드가드
필요 요리도구: 2.5cm 둥근 모양의 쿠키커터

비트 카나페
빨간 비트 3개
노란 비트 3개
물냉이 15g, 다져서

염소 치즈 필링
염소 치즈 120g
신선한 딜 1작은술, 잘게 다져서
차이브 1큰술, 잘게 다져서
신선한 민트 1작은술, 잘게 다져서
레몬 제스트 1작은술
레몬즙 2작은술
올리브유 2작은술
코셔 소금 한 꼬집
흑후추 가루

1. 두 개의 중간 크기 냄비를 준비한다. 한 냄비에는 노란색 비트를, 다른 냄비에는 빨간색 비트를 각각 물과 함께 담는다. 두 냄비 모두 강불에 올린다. 물이 끓으면 중불로 내리고, 비트가 부드러워질 때까지(이쑤시개나 젓가락으로 찔러 부드럽게 들어갈 정도) 45~50분간 익힌다.

참고: 빨간 비트가 노란 비트를 물들이지 않도록 반드시 별도의 냄비에 담아서 조리해야 한다. 또한, 손이 물들지 않도록 비닐장갑을 착용하는 것이 좋다.

2. 비트를 익히는 동안 중간 크기 믹싱볼에 염소 치즈, 딜, 차이브, 민트, 레몬 제스트와 레몬즙, 올리브유, 소금, 후추를 넣고 골고루 섞는다. 비닐랩을 씌워 사용할 때까지 냉장 보관한다.

3. 비트가 충분히 익으면 각 냄비에서 꺼내 물기를 제거한다. 비트가 식으면 껍질을 벗겨 낸다. 노란색과 빨간색 비트를 각각 0.5cm 두께로 얇게 썬다. 지름 2.5cm의 원형 쿠키 커터를 사용해 각 비트 조각에서 작은 원형을 잘라낸다. 노란색 비트와 빨간색 비트 각각 20~30개의 작은 원형 조각을 만든다.

4. 빨간 비트 원형 조각을 꺼내어 염소 치즈 스프레드를 조금 얹는다. 그 위에 노란 비트 조각을 올리고 염소 치즈 스프레드를 한 스푼 더 얹는다. 다시 빨간 비트 조각을 올리고 염소 치즈 스프레드를 조금 더 얹는다. 마지막으로 물냉이를 올린다. 비트 조각을 모두 사용할 때까지 이 과정을 반복한다.

참고: 염소 치즈 스프레드는 샌드위치에 발라먹어도 아주 잘 어울린다!

5. 완성된 비트 카나페는 밀폐 용기에 담아 먹기 전까지 냉장 보관한다.

팔리네스티 선악과

상상력 풍부한 아이들에게 팔리네스티만큼 환상적인 이야기는 없을 겁니다. 잎사귀와 나뭇가지로 이루어진 걸어 다니는 도시라니, 게다가 발렌우드를 배회하며 역사 속에서 사라졌다 나타나기를 반복한다니, 정말 놀랍지 않나요? 저는 호기심을 참지 못하고 직접 발렌우드로 가서 그 도시를 찾아보기로 했습니다.

옛 기록들을 보면, 팔리네스티는 단순한 신화가 아니라 실제로 존재했던 도시임을 알 수 있었습니다. 그러나 안타깝게도 저는 그 도시의 현재 행방을 찾아내지 못했습니다. 대신 한 고문서에서 이 맛있는 요리의 레시피를 찾을 수 있었습니다. 요리에 관심이 있는 분들이라면, 보스머 음식에 식물성 재료가 포함된 것을 의아해할 것입니다. 하지만 팔리네스티에 관한 책을 읽어보니, 많은 주민들이 녹색 조약을 어기고 채소를 즐겨 먹었다고 합니다. 이를 알게 되면서 문득 이런 생각이 들었습니다. 혹시 조약을 어긴 것이 도시의 실종과 관련이 있는 걸까요...?

난이도
준비 시간: 30분
양: 2인분
식이 정보: 글루텐 프리, 락토 오보 베지테리안
종족: 보스머

- 래디쉬 55g, 얇게 잘라서
- 칼라마타 올리브 55g, 반으로 잘라서
- 적양파 55g, 얇게 잘라서
- 페타 치즈 85g, 으깨서
- 신선한 민트잎 10개, 얇게 잘라서
- 수박 400g, 한입 크기로 잘라서
- 올리브유 1½큰술
- 발사믹 식초 2작은술
- 레몬 제스트 1작은술
- 코셔 소금 한 꼬집
- 시금치 85g, 다져서
- 루꼴라 85g, 다져서

1. 중간 크기 믹싱볼에 래디쉬, 올리브, 적양파, 페타 치즈, 민트잎, 수박을 넣고 가볍게 버무린다. 그 다음 올리브유, 발사믹 식초, 레몬 제스트, 소금을 넣고 모든 재료가 골고루 어우러질 때까지 부드럽게 섞어준다. 필요하다면 소금을 더 추가해 간을 맞춘다.
2. 시금치와 루꼴라를 적당한 그릇 두 개에 나눠 담는다. 그 위에 앞서 만든 수박 믹스를 얹어 완성한다.

골드코스트 진흙게 튀김

제3시대 대재앙*은 여러 가지 뜻밖의 결과를 낳았습니다. 그중 하나는 골드코스트를 따라 해산물, 특히 게가 풍부해졌다는 것입니다. 이 이야기는 앤빌에서 만난 부유한 신사에게서 들었습니다. 그는 제가 요리에 관심 있다는 걸 알고 저를 저녁 식사에 초대해 주셨습니다. 그의 조상들은 원래 시로딜의 시골에서 농사를 지었다고 합니다. 하지만 데이드라의 침공을 피해 도망쳐야 했죠. 그들은 피난민들이 골드코스트로 밀려들던 시기에 때마침 게 요리 전문점을 열었다고 합니다. 재미있는 건, 데이드라가 게를 싫어한다는 소문이 돌면서 가게가 대박이 났다는 겁니다! 하지만 아무리 찾아봐도 데이드라가 게를 싫어한다는 기록은 전혀 발견하지 못했습니다. 혹시... 그들의 조상들이 직접 그런 소문을 퍼뜨린 건 아닐까요?

난이도: ▨▨▨▨▨▨
준비 시간: 45분
숙성 시간: 1시간 30분
조리 시간: 1개당 3~4분
양: 12개
식이 정보: 해당 없음
종족: 임페리얼

멜론 소스
허니듀 멜론 450g
샬롯 2개, 반으로 잘라서
할라피뇨 고추 1개,
　반으로 잘라서
마늘 1알
백설탕 1큰술
코셔 소금 ½작은술
고수 ¼컵
라임즙 1큰술
백식초(화이트 식초)
　1큰술
사워크림 ½컵

게살 크로켓
무염 버터 3큰술
샬롯 2개, 깍둑썰어서
밀가루 2큰술
마늘가루 1작은술
호로파 가루 1작은술
코셔 소금 1작은술
흑후추 가루 1작은술
러셋 감자(분질 감자)
　1개, 익힌 후 껍질을
　벗기고 으깨서
고구마 1개, 익힌 후
　껍질을 벗기고 으깨서
게살 450g
중력분 1컵
달걀 3개
빵가루 2컵
튀김용 기름 (카놀라유나
　땅콩기름 등)

* 제3시대 대재앙: 오블리비언 사태라고도 불리며, 데이드릭 프린스 메이룬스 데이건이 오블리비언의 문을 통해 탐리엘을 침공하여 많은 도시와 마을을 파괴한 사건이다. 이 때문에 셉팀 왕조가 멸망하고 제3시대가 끝나며 제4시대가 시작되었다.

멜론 소스 만들기
1. 푸드 프로세서에 허니듀 멜론, 샬롯, 할라피뇨 고추, 마늘, 설탕, 소금, 고수, 라임즙, 식초, 사워크림을 넣고 곱게 갈아준다. 밀폐 용기에 옮겨 담고 제공할 준비가 될 때까지 냉장 보관한다. 냉장 보관 시 멜론 소스는 최대 1주일 동안 신선하게 보관할 수 있다.

게살 크로켓 만들기
1. 으깬 감자를 커다란 믹싱볼에 넣는다. 잠시 옆으로 치워둔다.
2. 커다란 프라이팬에 버터를 넣고 중강불에서 녹인다. 샬롯을 넣고 투명해질 때까지 5분간 볶는다. 밀가루, 마늘가루, 호로파 가루, 소금, 후추를 넣고 잘 섞일 때까지 살짝 볶는다. 불에서 내려 으깬 감자와 섞는다.
3. 감자에 게살을 넣고 잘 섞일 때까지 버무린다. 반죽을 12등분 하여 각 반죽을 5cm 길이의 직사각형 모양으로 만들어 유산지를 깐 베이킹 시트에 올린다. 덮개를 덮지 않고 40분 동안 냉동한 후 냉장고로 옮긴다.
4. 크로켓 반죽에 튀김옷을 입히기 위해 작업대를 3구간으로 나눈다. 첫 번째 구간에는 중력분을 담은 접시, 두 번째에는 살짝 푼 달걀을 담은 믹싱볼, 마지막 구간에는 빵가루를 담은 접시를 준비한다. 각 크로켓 반죽에 중력분을 먼저 묻힌 후 달걀물, 빵가루 순서로 묻힌다. 기름이 달궈지는 동안 튀김옷을 입힌 크로켓 반죽을 다시 냉장고에 넣어둔다.
5. 깊은 냄비에 기름을 5cm 정도 붓고 190℃까지 가열한다. 조심스럽게 몇 개의 크로켓을 기름에 넣어 황금빛이 나도록 3~4분 동안 튀긴다. 크로켓을 전부 튀길 때까지 이 과정을 반복한다.

콜로피

모든 요리사 지망생에게 필독서로 여겨지는 책들이 있습니다. 그중에서도 단연 으뜸은 제3시대의 대가 시모클레스 쿠오가 쓴 '붉은 주방 독본'입니다. 발라고고는 제가 화덕 앞에서 땀을 흘리며 요리할 때마다 쿠오의 책 내용을 가지고 저를 시험하곤 했습니다. "쿠오는 메링가를 어디서 수확했지?", "노르덕 따개비엔 어떤 향신료를 추천했더라?", "완벽한 스위트롤을 만드는 그의 비결이 뭐였지?" 하는 식이었죠.

코플리를 만들 때마다 그 시절 추억이 새록새록 떠오릅니다. 쿠오와 발라고고 둘 다 사랑했던 요리니까요. 그럴 때면 책에 나오는 쿠오의 명언이 떠오르곤 합니다. "훌륭한 식사의 즐거움은 훌륭한 음식만으로 결정되지 않는다네. 분위기, 함께하는 사람들도 중요하지!"

난이도
준비 시간: 30분
조리 시간: 30분
양: 미트볼 12~14개
식이 정보: 해당 없음
종족: 보스머

미트볼
무염 버터 1큰술
샬롯 1개, 다져서
마늘 2알, 다져서
멧돼지고기 다짐육 450g
빵가루 ⅓컵
달걀노른자 1개
코셔 소금 ½작은술
흑후추 가루 ½작은술
펜넬 씨드 분말 1작은술
고수씨 가루 1작은술
카놀라유 1큰술

그레이비소스
무염 버터 3큰술
중력분 ¼컵
닭 육수 2컵
사워크림 ¼컵
생크림 ¼컵
디종 머스타드 2작은술
우스터 소스 1작은술
코셔 소금
흑후추 가루

미트볼 만들기

1. 작은 냄비에 버터를 넣고 중강불에 올린다. 버터가 녹으면 샬롯을 넣고 부드러워질 때까지 5분간 볶는다. 마늘을 넣고 2분 더 볶는다. 불에서 내려 키친타월을 깐 접시에 옮겨 완전히 식힌다.
2. 커다란 믹싱볼에 다진 멧돼지고기, 빵가루, 달걀노른자, 소금, 후추, 펜넬 씨드, 고수씨, 볶은 샬롯과 마늘을 넣고 간단히 섞일 때까지만 저어준다. 반죽을 지름 4cm 크기 미트볼 모양으로 빚는다. 약 12~14개의 미트볼을 만들 수 있다.
3. 커다란 프라이팬에 카놀라유를 두르고 중강불에 올린다. 미트볼을 모든 면이 먹음직스러운 갈색이 되고 완전히 익을 때까지 10~15분 정도 굽는다. 접시에 옮겨 담는다.

그레이비소스 만들기

1. 미트볼을 구웠던 프라이팬에 버터를 넣고 중강불에서 녹인다.
2. 중력분을 조금씩 넣으면서 루가 노릇해지고 고소한 냄새가 날 때까지 계속 저어준다. 육수를 조금씩 부어가며 끓임없이 저어준다.
3. 소스가 끓기 시작하면 약불로 낮춘다. 원하는 농도가 될 때까지 졸여준다.
4. 사워크림, 생크림, 디종 머스타드, 우스터 소스를 넣고 잘 저어준다. 소금과 후추로 간을 맞춘다. 미트볼을 그레이비소스에 넣고 5분 정도 끓여 소스가 잘 배어들게 한다. 따뜻할 때 바로 먹는다.

센티넬 염소꼬지

센티넬의 시장을 거닐어 보는 건 모든 요리사의 꿈일 겁니다. 저 역시 그랬죠. 가지각색의 향신료에서 풍기는 향긋한 냄새에 이끌려 모든 가판대 앞에서 발걸음을 멈추지 않을 수 없었습니다. 다양한 맛있는 음식을 맛보았지만, 이 꼬치는 단연 압권이었습니다. 완벽하게 구워진 고기의 풍부한 육즙과 잘 익은 채소의 단맛이 환상적인 조화를 이루고 있었거든요. 센티넬에 머무는 동안 이 요리는 제가 가장 즐겨 찾는 요리가 되었고, 지금도 그때의 맛과 향을 떠올리면 저절로 미소가 지어집니다.

난이도
준비 시간: 45분
숙성 시간: 12시간
조리 시간: 10분
양: 꼬지 7개
식이 정보: 데어리 프리, 글루텐 프리
종족: 레드가드
필요 요리도구: 나무 꼬지, 그릴팬

올리브유 ¼컵
말린 오레가노 2큰술
쿠민 가루 1큰술
마늘가루 1큰술
고수씨 가루 2작은술
생강가루 1작은술
호로파 가루 1작은술
코셔 소금 1작은술
카슈미르 고춧가루 ½작은술
염소 다리 고기 900g, 깍둑썰어서
적양파 ½개
방울토마토 14개
피망 2개, 작게 잘라서

참고: 카슈미르 고춧가루는 파프리카 가루와 소량의 카이엔 고추로 대체할 수 있다.

1. 커다란 밀폐 용기에 올리브유, 오레가노, 쿠민, 마늘가루, 고수씨, 생강, 호로파, 소금, 카슈미르 고춧가루를 넣고 섞는다. 염소고기를 넣어 골고루 버무린다. 밀봉하여 하룻밤 동안 냉장고에서 재운다.
2. 다음 날, 굽기 30분 전에 나무 꼬치 일곱 개를 물에 담가 불린다. 염소고기를 양념에서 꺼낸다. 꼬치에 고기 두 조각, 적양파 세 조각, 토마토 한 조각, 피망 한 조각을 차례대로 끼운다. 이 과정을 한 번 더 반복한다. 마지막으로 염소고기 두 조각을 더 끼워 꼬치를 마무리한다. 모든 재료를 사용할 때까지 남은 꼬치들도 이 과정을 반복한다.
3. 그릴을 고온으로 예열한다.
4. 그릴이 완전히 달궈지면 꼬치를 7~10분 동안 굽는다. 염소고기의 모든 면이 노릇해지고 완전히 익을 때까지 뒤집어가며 굽는다. 따뜻할 때 바로 먹는다.

트롤 지방 육포

오시머는 문자가 사용되기 전부터 트롤 지방을 다양한 요리에 사용해 왔습니다. 그러나 트롤 지방은 결코 식욕을 돋우는 재료는 아니었습니다. 혹독한 겨울이면 우리는 체력과 체온 유지를 위해 광산에 갈 때마다 트롤 지방 육포를 챙겨가곤 했습니다. 그건 순전히 실용적인 이유였을 뿐, 맛있어서가 아니었습니다.

하지만 제가 실험을 시작하면서 상황은 바뀌었습니다. 기존 레시피에 향긋한 향신료를 더하자 트롤 지방은 놀라운 변신을 하게 되었죠. 한때는 배고픈 모험가들조차 외면하던 음식이, 이제는 가장 고귀한 손님들마저 찬사를 보내는 진미로 탈바꿈한 것입니다.

난이도
준비 시간: 30분
숙성 시간: 24시간
조리 시간: 5시간
양: 10인분
식이 정보: 데어리 프리
종족: 오시머

간장 ¼컵
메이플 시럽 ¼컵
우스터소스 ¼컵
오향 가루 2큰술
흑후추 가루 1큰술
오리 가슴살 900g, 껍질과 지방을 제거하고 얇게 잘라서
식용유

1. 4L들이의 지퍼백에 간장, 메이플 시럽, 우스터 소스, 오향 가루, 후추를 넣고 섞어 양념을 만든다. 양념이 든 지퍼백에 오리고기를 넣고 밀봉한 후 오리고기가 양념과 잘 섞이도록 흔들어준다. 최대 24시간 냉장고에 넣어 재운다.
2. 오븐을 80°C로 예열한다. 베이킹 시트에 알루미늄 호일을 깔고 그 위에 그릴 망을 올린 후 식용유를 바른다.
3. 오리고기를 양념에서 꺼내 키친타월로 수분을 제거하고 그릴 위에 올린다. 오리고기가 말라서 쫄깃해질 때까지 오븐에서 4~5시간 동안 말린다.
4. 완성된 육포를 완전히 식힌다. 밀폐 용기에 담아 냉장 보관 시 최대 1주일 동안 신선하게 보관할 수 있다.

엘스웨어 옥수수 프리터

이 요리에는 재미있는 뒷이야기가 있습니다. 제게 이 요리를 가르쳐준 발라고고는 그의 친구 로라웬에게서 이 요리를 배웠고, 로라웬은 또 샤시라는 친구에게서 이 요리를 배웠다고 합니다. 발라고고의 말에 따르면, 이 레시피에는 여러 종족이 협력하여 마을을 재건하는 희망찬 이야기가 담겨 있다고 합니다.

재미있는 점은, 발라고고가 그 희망찬 이야기 대부분을 잊어버렸음에도, 샤시에게 성가신 사촌이 있었다는 사소한 사실만큼은 선명히 기억하고 있었다는 것입니다. 인생이란 원래 그런 것 같습니다. 때로는 사소한 일이 기억에 오래 남기 마련입니다.

난이도: ◆◆◆◇◇
준비 시간: 30분
숙성 시간: 30분
조리 시간: 1개당 10분
양: 9인분
식이 정보: 락토 오보 베지테리안
종족: 카짓

옥수수 프리터
- 옥수수 알 3컵
- 대파 3대, 다져서
- 슈레드 체다 치즈 ½컵
- 중력분 ½컵
- 콘밀 ¾컵
- 베이킹파우더 1작은술
- 코셔 소금 1작은술
- 꿀 1큰술
- 달걀 1개
- 우유 ½컵
- 카놀라유 1큰술

포도 소스
- 사워크림 ½컵
- 포도 젤리 2큰술
- 백설탕 1큰술
- 코셔 소금 한 꼬집

옥수수 프리터 만들기
1. 중간 크기 믹싱볼에 옥수수, 대파, 체다 치즈, 중력분, 콘밀, 베이킹파우더, 소금, 꿀, 달걀, 우유를 넣고 뭉치는 부분이 없도록 섞는다. 실온에서 30분 동안 휴지시킨다.
2. 커다란 코팅팬에 카놀라유 1큰술을 두르고 중강불에 올린다. 반죽을 코팅팬에 ½컵씩 떠서 패티 모양으로 굽는다. 한 번에 너무 많이 올리지 않도록 주의한다. 양면이 황금빛 갈색이 될 때까지 2~4분 동안 굽는다. 포도 소스를 곁들여 따뜻할 때 먹는다.

포도 소스 만들기
1. 작은 믹싱볼에 사워크림, 포도 젤리, 설탕, 소금을 넣고 섞는다. 밀폐 용기에 옮겨 담고 뚜껑을 덮은 뒤 사용할 때까지 냉장 보관한다. 포도 소스는 냉장 보관 시 최대 1주일 동안 신선하게 보관할 수 있다

노래하는 뿌리 샐러드

이전에 언급했던 필독서와 관련해 흥미로운 경험이 있습니다. 저는 카스투스 마리우스의 책을 읽다가 우연히 한 레시피를 발견했습니다. 그 책에는 드루이드들이 재배한 음식을 맛본 그의 경험이 상세히 기록되어 있었습니다. 책에 나온 '노래하는 뿌리'라 불리는 교배종 채소 '키메라'는 구하지 못했지만, 갈렌의 한 시장에서 구한 넌루트와 리크, 당근을 사용해 꽤 비슷한 맛을 재현할 수 있었습니다. 만들어본 요리는 예상외로 맛있었습니다. 산뜻하면서도 아삭한 식감에 의외로 깊은 맛이 어우러져 있었죠. 다행히도 책에서 묘사된 '노을빛이 귓가에 울리는 듯한 이상한 느낌'은 경험하지 못했습니다. 아마도 그건 키메라만의 독특한 효과였겠죠?

난이도
준비 시간: 30분
숙성 시간: 20분
조리 시간: 1시간
양: 6인분
식이 정보: 락토 오보 베지테리안
종족: 브레튼

문슈거 비네그리트

애플사이다비네거 ¼컵
그래뉴당 2큰술
흑설탕 2큰술
마늘가루 1작은술
디종 머스타드 1작은술
올리브유 ⅔컵
코셔 소금
흑후추 가루

샐러드

노란색 비트 2개
올리브유 2큰술
코셔 소금
흑후추 가루
보라색 당근 3개, 껍질을 벗기고 굵직하게 썰어서
파스닙 2개, 껍질을 벗기고 굵직하게 썰어서
루꼴라 230g
시금치 230g
피칸 55g
블루치즈 115g

문슈거 비네그레트 만들기

1. 작은 믹싱볼에 애플사이다비네거, 그래뉴당, 흑설탕, 마늘가루, 디종 머스타드를 넣고 섞는다. 올리브유를 넣고 섞은 후 소금과 후추로 간을 맞춘다.

2. 문슈거 비네그레트는 밀폐 용기에 담아 냉장 보관 시 최대 1주일 동안 신선하게 보관할 수 있다. 기름과 식초는 시간이 지나면 분리되므로 잘 흔들어서 사용한다.

샐러드 만들기

1. 오븐을 200℃로 예열한다.
2. 비트에 올리브유 1큰술을 바른다. 소금과 후추로 넉넉히 간을 한다. 비트 한 개를 알루미늄 호일로 꼼꼼하게 감싼다. 남은 비트도 똑같이 반복한다.
3. 알루미늄 호일로 감싼 비트를 베이킹 시트에 올린다. 오븐에 넣고 비트가 부드러워질 때까지 45~60분 정도 굽는다.
4. 비트가 구워지기 까지 20분 정도 남았을 때, 당근을 다른 베이킹 시트에 올린다. 남은 올리브유 1큰술을 넣고 버무린다. 소금과 후추로 간을 하고 오븐에 넣어 겉면이 먹음직스러운 갈색이 될 때까지 남은 시간 동안 굽는다.

참고: 당근이 비트보다 먼저 구워진다면 오븐에서 꺼내 잠시 옆으로 치워 둔다.

5. 비트를 자르기 전에 껍질을 제거한다. 비트를 두께 6mm로 얇게 썬다. 갓 구운 비트는 매우 뜨거우므로 주의한다. 비트는 밀폐 용기에 넣어 냉장 보관 시 최대 1주일 동안 신선하게 보관할 수 있다.
6. 샐러드를 완성하려면 커다란 믹싱볼에 시금치와 루꼴라를 넣고 잘 섞일 때까지 버무린다. 섞은 채소를 6개의 샐러드 그릇에 나누어 담는다. 각 그릇 위에 구운 비트, 당근, 피칸, 블루 치즈를 얹는다. 마지막으로 문슈거 비네그레트를 뿌려 먹는다.

하운드 들쥐 파이

모로윈드의 한 선술집에서 처음 접한 레도란 가문의 전통 요리는 참으로 인상적이었습니다. 유쾌한 성격의 주방장은 제가 식사를 마친 후, 한 가지 사실을 알려주었습니다. 요리의 이름이 재료를 그대로 반영한다는 것이었죠. 찡그린 제 표정을 보더니, 주방장은 씩 웃으며 "사실 요즘엔 '교양 있는' 관광객들을 위해 하운드나 쥐 고기는 빼고 있다네."라고 말했습니다. 그 말을 듣는 순간, 여러 가지 생각이 들었습니다. 과연 누가 더 교양 있는 걸까요? 오히려 전통 요리를 있는 그대로 받아들이지 못하는 그들이야말로 '교양'이 부족한 건 아닐까요?

난이도
준비 시간: 1시간
숙성 시간: 30분
조리 시간: 1시간
양: 파이 12개
식이 정보: 해당 없음
종족: 던머
필요 요리도구: 머핀틀

올리브유 1큰술
양파 1개, 깍둑썰어서
마늘 4알, 깍둑썰어서
양고기 다짐육 450g
수막* 1큰술
파슬리 2큰술, 다져서
시나몬 가루 1작은술
올스파이스 가루 ½작은술
카슈미르 고춧가루 ½작은술
코셔 소금 1작은술
할루미 치즈 230g, 작게
 깍둑썰어서
퍼프 페이스트리 생지 2장,
 해동해서
식용유
달걀 1개, 풀어서

참고: 카슈미르 고춧가루는 파프리카와 소량의 카이엔 고추로 대체할 수 있다.

***수막**: 중동과 지중해 지역에서 주로 사용하는 붉은색의 향신료. 수막 나무의 열매를 건조시켜 가루로 만든 것으로, 신맛과 약간의 과일 향이 특징이다. 주로 샐러드나 고기 요리, 해산물 요리에 신맛을 더하는 데 사용된다.

1. 커다란 코팅팬에 올리브유를 두르고 중강불에 올린다. 양파를 넣고 부드러워질 때까지 8분간 볶는다. 마늘을 넣고 2분 더 볶는다.
2. 고기를 넣고 먹음직스러운 갈색이 될 때까지 5~8분 동안 볶는다. 큐민, 파슬리, 시나몬, 올스파이스, 카슈미르 고춧가루, 소금을 넣고 섞는다. 양고기가 완전히 익을 때까지 5분 동안 계속 볶는다.
3. 불에서 내리고 치즈를 넣어 잘 섞일 때까지 버무린다. 체에 밭쳐 남은 기름과 수분을 뺀다. 완전히 식을 때까지 잠시 옆으로 치워 둔다.
4. 페이스트리 생지를 살짝 밀어 펼친다. 지름 10cm의 둥근 쿠키 커터로 파이 밑면에 사용할 큰 반죽 12개를 잘라낸다. 지름 7.5cm의 둥근 쿠키 커터로 파이 윗면에 사용할 작은 반죽 12개를 잘라낸다. 이 원형 페이스트리 조각들이 마르지 않도록 젖은 면포로 덮어둔다.
5. 오븐을 200°C로 예열한다. 머핀틀에 식용유를 두른다.
6. 머핀틀의 각 구멍에 큰 페이스트리 조각을 넣고 살짝 눌러준다.
7. 페이스트리 조각을 깐 각 구멍에 양고기 속을 채우되 너무 많이 채우지 않는다. 작은 조각을 위에 얹고 가장자리를 눌러 붙인다. 냉동실서 30분 동안 휴지시킨다.
8. 머핀틀을 냉동실에서 꺼낸다. 각 머핀 위에 달걀물을 바른다. 오븐에 넣고 윗면이 황금빛 갈색이 될 때까지 25~30분 동안 굽는다.
9. 오븐에서 꺼내 5분 정도 식힌 후 머핀틀에서 꺼내 먹는다.

빵

콤브워트 납작빵	67
음유시인의 바나나빵	69
쏜 옥수수빵	71
솔리튜드빵	73
바덴펠 화산참마빵	77
달콤 과일 빵	79

빵

임페리얼 시티를 처음 방문했을 때, 하나의 분명한 목표가 있었습니다. 그것은 바로 제대로 된 빵 한 덩이를 구워내는 법을 익히는 것이었습니다.

빵을 한 번이라도 구워본 경험이 있다면, 그 과정이 얼마나 복잡하고 까다로우며 도전적인지 잘 아실 겁니다. 같은 레시피로 빵을 만든다 하더라도 제빵사에 따라 완전히 다른 결과물이 나오는 건 흔한 일입니다. 저에게 제빵은 언제나 큰 도전이자 인내심의 시험대였습니다. 도시에서는 상황이 조금 나았지만, 다음 식사를 언제 할 수 있을지 모르는 길 위에서 빵을 만들다 실패한다는 것은 많은 에너지와 시간, 소중한 재료의 낭비를 의미했습니다. 또한, 스승님께 걸맞은 훌륭한 요리사가 되기 위해서는 제대로 된 빵을 구울 줄 알아야 했습니다.

저는 이 중요한 임무를 좋은 재료를 구하는 것으로 시작했습니다. 매일 시장을 돌아다니며 성공적인 빵 만들기에 필요한 재료를 고르기 위해 애썼습니다. 돌이켜보면, 저는 그저 시간을 끌고 있었던 것 같습니다. 밀가루를 고르는 데만 일주일을 허비했으니까요. 마침내 어떤 밀가루를 사용할지 결정하고, 방앗간에 갔을 때, 주머니에 손을 넣어보고서야 지갑이 사라졌다는 사실을 알게 되었습니다.

"제기랄!" 저는 멍하니 방앗간 앞에 앉아 지금의 불행한 상황을 곱씹어야 했습니다. 돈 한 푼 없이 여행을 이어가기란 무리였습니다. 여행은 완전히 중단되고 말았죠. 몇 번이고 여행을 이어나갈 다른 방법을 생각해 봤지만, 뾰족한 대책은 떠오르지 않았습니다. 결국, 여행을 포기하려 할 때, 문득 그림자가 제 위로 드리워졌습니다.

까치 한 마리가 저를 내려다보며 호기심 어린 눈빛을 보내고 있었습니다. 그녀는 자신을 찰리마라고 소개했는데, 여기저기를 떠돌며 장사를 하는 행상인이었습니다. 제 침울한 표정의 이유가 궁금했던 모양입니다. 저는 엉망이 된 제 처지를 설명했고, 그녀는 엄청난 동정심을 보였습니다. 그러더니 갑자기 빵 만들기 실험의 결과물을 좀 나눠준다면, 필요한 재료를 사주겠다고 제안했습니다.

여기서 잠깐, 저에 대해 한 번 더 설명드리고자 합니다. 아마 짐작하셨겠지만, 저는 친구가 별로 없습니다. 완벽한 빵을 구워내는 것처럼, 주변 사람들도 제 손아귀를 피하는 듯했습니다. 여행하면서 많은 새로운 사람들을 만났고, 그 추억들을 소중히 간직하고 있지만, 작별 인사를 나눈 후에는 대부분 스쳐 지나가는 인연으로 남았습니다. 요새로 돌아와서도, 주변 오시머들의 존경을 받았지만, 여전히 그들은 저와 깊은 관계를 맺는 것을 어려워하는 것 같았습니다.

사실 저는 긴장하거나 열정적일 때, 그러니까 꽤 자주, 말이 길어지는 편입니다. 하지만 사람들은 제 요리에 관한 이야기를 듣고 싶어 하지 않는 것 같았습니다. 그저 맛있는 요리를 먹기만 하면 그

만이었으니까요. 오해는 마시길 바랍니다. 저는 그들을 탓하는 것이 아닙니다. 그저 서로의 관심사가 달랐을 뿐입니다.

각설하고, 이러한 이유로 동료와 함께 도시를 돌아다니며 재료를 구하는 것은 저에게 낯선 경험이었습니다. 찰티마와 함께 있으면 어딘지 어색한 기분이 들었습니다. 그녀가 대화 주제를 빠르게 옮겨 다니는 바람에 그녀의 사고 과정을 따라가기가 힘들었습니다. 찰티마는 자신의 사업과 앞으로 투자하고 싶은 분야에 관해 이야기하며, 지금까지 해온 일들과 이제는 갈 수 없는 곳들에 대한 놀라운 이야기를 들려주었습니다.

제가 재료를 고르고 준비하는 동안에도 그녀는 끊임없이 질문을 던졌습니다. 저와 제 가족, 요리, 저의 여행에 대해서 말이죠. 결국, 저는 그동안 아무에게도 말하지 않았던 이야기를 그녀에게 털어놓고 말았습니다.

"내가 생각해 봤는데… 상상만 해본 거지만, 책을 써보는 게 어떨까 싶어."

"좋은 생각이야! 찰티마는 네가 모든 빵과 훌륭한 요리에 관한 책을 써야 한다고 생각해!"

"맞아! 그게 바로 내가 하고 싶은 거야. 하지만 내가 해낼 수 있을지 모르겠어."

"당연히 할 수 있어. 사실 넌 이미 하고 있는 거나 다름없잖아! 넌 그저 실패가 두려운 거야, 맞지? 이 몸이 너와 함께 여행하면서 지켜줄게, 안전하게 책을 완성할 수 있을 거야."

"찰티마… 넌 정말 천사야. 누군가와 함께 여행하는 것도 좋을 것 같아. 하지만 솔직히 내가 과연 다른 사람들에게 요리하는 법을 가르칠 수 있을까? 나도 아직 배우는 과정에 있는 걸. 내가 하는 말에 사람들이 관심이 있을 리 없어. 게다가, 지금은 집에 갈 여비조차 없는 상황인데, 책을 만든다는 건 정말 말도 안 되는 소리야."

"아, 찰티마의 친구, 그건 걱정하지 마. 두 가지 모두 걱정 붙들어 매! 넌 이 몸에게도 아주 흥미로우니, 탐리엘 사람들에게는 분명 매력적일 거야. 이 몸이 너의 첫 번째 투자자가 되어주지!" 그러더니 그녀는 도둑맞았던 제 지갑을 던져주었습니다.

전에도 말씀드렸듯이, 빵을 만드는 데에는 오랜 시간이 걸립니다. 이번 빵은 완성하는데 꼬박 하루가 걸렸죠. 하지만 결국 빵은 완성되었습니다. 솔직히 말하자면, 그저 그런 빵인 것 같습니다. 그러나 이 경험은 빵과 우정에 대한 제 생각을 완전히 바꾸어 놓았습니다.

빵은 시간과 노력, 에너지를 요구합니다. 빵은 어렵고 복잡합니다. 빵은 독특합니다. 바로 이런 부분이 빵의 매력이라고 생각합니다. 저는 찰티마를 만났고, 제법 먹을 만한 빵 한 덩이를 구웠습니다. 그리고 저는 이 책을 완성하기로 마음먹었습니다.

콤브워트 납작빵

이 납작빵을 단 한 번이라도 맛본다면 누구든 즉시 알 수 있을 겁니다. 이 빵이 넌행성*의 빛나는 심장, 탐리엘에서 탄생했다는 것을 말이죠.

브레튼은 시로딜이 최초의 빵이 탄생한 곳이라고 주장하지만, 대부분의 머(Mer)**들은 빵이 엘리노어에서 만들어졌다고 굳게 믿고 있습니다. 사실, 제 생각은 이렇습니다. 빵은 아마도 여러 지역에서 비슷한 시기에 각기 다른 모습으로 생겨났을 겁니다. 빵의 신이라 해도 어느 것이 가장 먼저였는지 정확히 집어내긴 어려울 겁니다.

난이도: ■■□
준비 시간: 30분
숙성 시간: 2시간
조리 시간: 20분
양: 빵 1개
식이 정보: 비건
종족: 브레튼

- 액티브 드라이 이스트 2¼작은술
- 백설탕 2작은술
- 올리브유 3큰술, 브러싱용으로 조금 더 준비
- 따뜻한 물 1⅓컵
- 중력분 2컵, 덧가루용으로 조금 더 준비
- 강력분 2컵
- 로즈마리 줄기 2개, 다져서
- 코셔 소금 1큰술
- 방울토마토 30개, 반으로 잘라서
- 천일염, 토핑용 (선택 사항)

* 넌(Nirn): 엘더스크롤 시리즈에서 중심이 되는 행성. 탐리엘이 이 행성의 주요 대륙 중 하나이다.

** 머(Mer): 엘더스크롤 시리즈에서 엘프 종족을 지칭하는 용어로, 알트머(하이 엘프), 보스머(우드 엘프), 던머(다크 엘프), 오시머(오크), 마오머(바다 엘프) 등이 있다.

1. 커다란 믹싱볼에 이스트, 설탕, 올리브유, 물을 넣고 섞는다. 이스트가 활성화될 때까지 5분 정도 기다린다. 중력분, 강력분, 로즈마리, 소금을 넣고 간단히 섞일 때까지만 반죽한다. 가볍게 덧가루를 뿌린 작업대로 옮겨 5분 정도 반죽한 후 공 모양으로 빚는다.
2. 커다란 믹싱볼에 올리브유를 바르고 반죽을 넣는다. 반죽 위에도 올리브유를 바른다. 비닐랩을 씌우고 반죽이 2배로 부풀 때까지 약 1시간 동안 발효시킨다.
3. 가로 세로 40x25cm 크기 베이킹 시트에 올리브유를 바르고 천일염을 뿌려 준비한다. 반죽을 베이킹 시트 위에 옮기고 조심스럽게 펴서 베이킹 시트를 완전히 덮도록 한다. 반죽이 잘 펴지지 않는다면 비닐랩을 씌우고 10분 동안 휴지시킨 후 시도한다.
4. 반죽을 다 펼치면 비닐랩을 씌우고 15분 동안 휴지시킨다. 손가락으로 반죽에 여러 개의 깊은 구멍을 만든다. 올리브유를 살짝 바른 방울토마토를 자른 면이 위로 가도록 반죽의 구멍에 눌러 끼운다. 다시 비닐랩을 씌우고 40분 휴지시킨다.
5. 오븐을 220℃로 예열한다. 비닐랩을 벗기고 반죽 위에 천일염을 뿌린다. 윗면이 황금빛 갈색이 될 때까지 18~20분 동안 굽는다. 오븐에서 꺼낸 후 원한다면 추가로 천일염을 뿌린다. 완전히 식은 후에 잘라서 먹는다.

참고: 이 레시피에서 천일염을 뿌리는 건 선택사항이다. 짠 빵이 싫거나 다른 음식과 곁들여 먹을 빵을 만들 예정이라면 천일염을 레시피보다 적게, 혹은 사용하지 않더라도 무방하다.

음유시인의 바나나빵

이 카짓 전통 요리를 만드는 데 찰티마가 큰 도움을 주었습니다. 제가 빵을 구울 때마다 그녀는 종종 가족 이야기를 들려주곤 했죠. 그녀의 가족들이 다른 지역으로 행상을 다닐 때 항상 바나나와 밀가루를 챙겼다고 합니다. 고향이 그리울 때면 이 두 재료로 음유시인의 바나나빵을 만들어 먹었다고 하더군요. 재미있는 것은, 찰티마가 이런 이야기를 하면서 설탕통을 끼고 설탕을 계속 찍어 먹었다는 겁니다. 덕분에 저는 설탕을 자주 보충해야 했습니다. 그녀의 추억만큼이나 정말로 달콤한 추억이 되었습니다.

난이도
준비 시간: 45분
조리 시간: 1시간 20분
양: 빵 1개
식이 정보: 락토 오보 베지테리안
종족: 카짓
필요 요리도구: 20cm x 10cm 크기 식빵팬

무염버터 ½컵
식용유 스프레이
크고 잘 익은 바나나 3개(약 400g)
달걀 2개
사워크림 ½컵
흑설탕 ¾컵
바닐라 페이스트 1작은술
올리브유 2큰술
중력분 2⅓컵
카다멈 ½작은술
베이킹파우더 2작은술
베이킹 소다 ½작은술
코셔 소금 1작은술

1. 작은 냄비에 버터를 넣고 중불에 올린다. 버터가 황금빛 갈색이 될 때까지 약 10분 동안 끓인다. 타지 않도록 가끔씩 저어가며 불 조절을 한다. 녹은 버터를 컵에 붓고 식힌다.
2. 오븐을 180°C로 예열한다. 식빵팬 크기에 맞게 유산지를 자른다. 식빵팬 안쪽에 식용유 스프레이를 뿌린 후, 유산지를 넣고 잘 달라붙도록 눌러준다. 유산지 위에 다시 한번 식용유 스프레이를 뿌린다. 잠시 옆으로 치워둔다.
3. 커다란 믹싱볼에 바나나를 넣고 으깬다. 달걀, 사워크림, 흑설탕, 바닐라 페이스트, 올리브유, 식힌 버터를 넣고 모두 잘 섞일 때까지 휘저어 준다.
4. 중간 크기 믹싱볼에 중력분, 카다멈, 베이킹파우더, 베이킹 소다, 소금을 넣고 섞는다. 모든 재료를 한데 넣고 뭉치는 부분이 없도록 반죽한다.
5. 반죽을 준비한 식빵팬에 붓고 70~80분 동안 굽는다. 자르기 전에 완전히 식혀야 부서지지 않는다. 이 빵은 실온으로 또는 살짝 데워서 먹으면 맛있다.

쏜 옥수수빵

이 아르고니안 전통 옥수수빵 레시피는 한 모험가에게서 배웠습니다. 그는 시로딜과 블랙 마쉬의 경계를 떠도는 루키올*이었죠. 그의 말에 따르면, 원래는 옥수수와 솔트라이스 단 두 가지 재료만 들어가는 꽤 투박한 빵이었다고 합니다. 맛은 별로였지만, 쉽게 만들 수 있어서 길에서 요리하고 휴대하기에 안성맞춤이었다고 합니다. 특히 늪지를 벗어나 여행할 때 끼니를 때우기 좋았다고 말했습니다. 문득 궁금해져서 물어보았습니다. 블랙 마쉬에서 태어나고 자란 게 아닌데 어떻게 이 옥수수빵 레시피를 알게 되었냐고요. 그의 대답이 참 인상적이었습니다.

"난 아직 블랙 마쉬에 가본 적이 없어. 다른 아르고니안들과 함께 있어도 뭔가 어색해. 하지만 언젠가 고향으로 돌아갈 기회가 있을 거라 믿어. 그래서 이 빵의 레시피를 배웠어."

난이도
준비 시간: 30분
조리 시간: 45분
양: 8인분
식이 정보: 해당 없음
종족: 아르고니안
필요 요리도구: 지름 25cm 크기 주물팬

무염버터 ½컵
콘밀 1컵
중력분 ⅔컵
통밀가루 ⅓컵
흑설탕 ¼컵
베이킹파우더 1큰술
코셔 소금 2작은술
올리브유 2큰술
꿀 ¼컵
달걀 2개
버터밀크 1컵
사워크림 ½컵
베이컨 8장, 잘게 썰어서 익히고 지방은 남겨서.
할라피뇨 고추 4개, 얇게 잘라서
체다 치즈 285g, 갈아서

***루키올**: 블랙 마쉬가 아닌 다른 지역에서 태어나 문화와 전통을 잃어버렸으며, 히스트와 연결되지 못한 아르고니안들을 칭하는 단어.

1. 베이컨을 커다란 코팅팬에 겹치지 않도록 올린다. 중불에서 베이컨이 바삭해질 때까지 약 4~5분 동안 굽는다. 뒤집어서 반대편도 바삭해질 때까지 4~5분 더 굽는다. 구워진 베이컨은 키친타월을 깐 접시로 옮기고, 베이컨 기름은 내열 그릇에 담는다. 남은 베이컨도 같은 방법으로 반복한다.
2. 작은 냄비에 버터를 넣고 중불에 올린다. 버터가 황금빛 갈색이 될 때까지 10분 동안 가끔 저어주며 끓인다. 버터를 컵에 붓고 식힌다.
3. 오븐을 220°C로 예열한다. 주물팬에 베이컨 기름을 꼼꼼히 바른다.
4. 커다란 믹싱볼에 콘밀, 중력분, 통밀가루, 흑설탕, 베이킹파우더, 소금을 넣고 섞는다. 작은 믹싱볼에 녹인 버터, 올리브유, 꿀, 달걀, 버터밀크, 사워크림을 넣고 섞는다. 작은 믹싱볼의 재료를 커다란 믹싱볼에 붓고, 베이컨, 할라피뇨 고추, 체다 치즈를 넣어 뭉치는 부분이 없도록 섞는다. 준비한 주물팬에 반죽을 붓는다.
5. 주물팬을 오븐에 넣고 25분 동안 굽는다. 알루미늄 호일로 덮어 10분 정도 더 구워 속까지 완전히 익힌다. 10분 정도 식힌 후 잘라서 내어낸다.

솔리튜드빵

최근에 일어난 스카이림 내전을 비롯해 역사상 모든 전쟁은 새로운 기술과 재능을 요구하거나 발전시키는 계기가 되었습니다. 전에 말씀드렸듯이 솔리튜드에는 많은 제국군이 주둔해 있습니다. 더 많은 군인은 더 많은 입을 의미했고, 더 많은 입은 더 많은 요리사를 필요로 했습니다.

이 소박한 빵이 인기를 얻은 이유는 아마도 초보 제빵사들도 쉽게 만들 수 있기 때문일 것입니다. 약간 신맛이 나는 이 빵은 다양한 수프와 스튜에 훌륭하게 어울립니다. 다만, 달콤한 빵을 좋아하는 사람에게는 입맛에 맞지 않을 수도 있습니다.

난이도
준비 시간: 1시간
숙성 시간: 24시간
조리 시간: 50분
양: 빵 1개
식이 정보: 데어리 프리, 락토 오보 베지테리안
종족: 노드
필요 요리도구: 지름 25cm 크기 더치오븐과 뚜껑

풀리쉬

강력분 ⅓컵
물 ⅓컵과 1큰술
액티브 드라이 이스트 한 꼬집

참고: 풀리쉬(poolish)는 빵에 특별한 풍미를 더하기 위해 발효시킨 일종의 스타터이다. 이는 전통적인 사워도우 스타터보다 발효 시간이 짧다.

빵

중력분 2컵, 덧가루용으로 조금 더 준비
강력분 1¼컵
코셔 소금 2작은술
따뜻한 물 1½컵
액티브 드라이 이스트 2작은술
꿀 1½큰술

1. 강력분, 물, 이스트를 유리잔에 넣고 잘 섞는다. 뚜껑을 살짝 덮고 실온에서 최소 6시간, 최대 24시간 동안 발효시켜 풀리쉬를 만든다.
2. 중간 크기 믹싱볼에 중력분, 강력분, 소금을 넣고 섞는다. 커다란 믹싱볼에 따뜻한 물, 이스트, 풀리쉬, 꿀을 넣고 꿀과 풀리쉬가 완전히 녹을 때까지 휘저어 섞는다.
3. 모든 재료를 한데 넣고 반죽이 살짝 뭉쳐질 정도가 될 때까지만 반죽한다. 이 단계에서 반죽은 끈적이고 매우 묽을 것이다. 면포나 키친타월로 덮고, 실온에서 30분 동안 발효시킨다.
4. 손에 물을 묻히고 반죽의 한쪽 가장자리를 살짝 당겨 중심으로 접은 후 누른다. 반죽의 가장자리 전체에 이 과정을 반복한다. 매끄러운 면이 위로 가도록 반죽을 뒤집고, 면포나 키친타월로 덮어서 실온에서 30분 동안 발효시킨다.
5. 다시 한번 손에 물을 묻히고 4의 과정을 반복한 후 실온에서 1시간 동안 발효시킨다.

참고: 이 단계에서 반죽은 매우 촉촉하고 다루기 힘들 정도로 끈적일 것이므로 반죽을 다룰 때는 손에 물기가 있어야 한다. 이렇게 하면 반죽이 손에 붙는 것을 최소화할 수 있다.

다음 페이지에서 계속...

1. 덧가루를 넉넉히 뿌린 작업대로 반죽을 옮겨 공 모양으로 만든다. 반죽을 유산지 위에 놓고 면포나 키친타월로 덮어 1시간 동안 최종 발효 시킨다.
2. 뚜껑이 있는 더치오븐을 오븐에 넣고 오븐을 220℃로 30분 동안 예열한다.
3. 반죽 윗 부분에 칼집을 넣는다.
4. 유산지와 함께 반죽을 예열된 더치오븐에 옮겨 담는다. 더치오븐의 뚜껑을 덮고 30분 동안 굽는다. 더치오븐의 뚜껑을 열고 10~20분 더 구워 빵을 완전히 익힌다. 완전히 식을 때까지 식힘망에 올려두었다가 잘라서 먹는다.

바덴펠 화산참마빵

여행 중반쯤 작은 배를 타고 해안선에서 조금 떨어진 곳에서 바덴펠을 바라볼 기회가 있었습니다. 선장에게 좀 더 가까이 가보자고 요청했지만, 그녀는 위험을 감수하려 하지 않았습니다. 다시 한번 부탁하려던 순간, 그녀의 눈에 눈물이 고이는 것을 보았습니다. 처음엔 화산에서 나오는 연기 때문이라고 생각했습니다. 제 눈도 따가웠으니까요. 하지만 알고 보니 그녀는 붉은 해의 대재앙*으로 가족을 잃었다고 합니다.

무슨 말로 위로해야 할지 몰랐습니다. 우리는 그저 배 위에 함께 서서, 마치 아무 일도 없었던 것처럼 우뚝 서 있는 레드마운틴을 말없이 바라볼 수밖에 없었습니다. 안전한 해안으로 돌아왔을 때, 그녀는 제게 이 레시피를 건네주었습니다. 다른 사람들에게도 널리 알려 달라고 부탁하더군요. 그녀의 마음속에 남아있는 소중한 누군가를 기리기 위해서라고 말했습니다.

난이도: ▮▮▯▯▯
준비 시간: 1시간
숙성 시간: 3시간
조리 시간: 45분
양: 빵 1개
식이 정보: 락토 오보 베지테리안
종족: 던머
필요 요리도구: 반죽기가 장착된 스탠드 믹서, 식빵팬

강력분 2¾컵과 3큰술, 필요한 경우 조금 더 준비

우유 ¾컵과 2큰술, 필요한 경우 조금 더 준비

고구마 120g, 익힌 후 으깨서

액티브 드라이 이스트 2¼작은술

코셔 소금 1작은술

백설탕 3큰술

무염버터 3큰술, 상온으로

오렌지색 식용 색소 3방울 (선택사항)

달걀 1개

식용유 스프레이

달걀물

달걀 1개

우유 2큰술

*붉은 해의 대재앙: 제4시대 5년에 레드 마운틴 화산이 폭발하여 모로윈드, 특히 비벡펠에 큰 피해를 준 사건이다. 레드 마운틴의 폭발 때문에 운석 바-다우를 떠받치고 있던 비벡 시티의 힘이 약해지면서 바-다우가 비벡펠에 추락한 것이 원인이었다. 이 때문에 많은 도시와 마을이 파괴되었고 던머들은 고향을 잃게 되었다.

1. 작은 프라이팬에 강력분 3큰술과 우유 2큰술을 넣고 중강불에 올린다. 걸쭉해질 때까지 1분 정도 휘저어준다. 으깬 고구마를 넣고 완전히 섞이도록 가볍게 저어준다. 완전히 식을 때까지 잠시 옆으로 치워 둔다.
2. 작은 믹싱볼에 이스트와 남은 우유를 넣고 가볍게 섞은 뒤 5분 정도 가만히 두어 이스트를 활성화 시킨다. 스탠드 믹서에 남은 강력분 2¾컵, 소금, 설탕을 넣고 반죽한다. 우유와 이스트 혼합물, 주황색 식용 색소, 달걀, 식힌 고구마 반죽을 넣고 반죽이 가볍게 뭉쳐지는 상태가 될 때까지 저속으로 반죽한다.
3. 버터를 1큰술씩 넣으면서 약 5분 동안 중속으로 반죽한다. 반죽이 너무 끈적거리면 강력분을 1큰술씩 넣는다. 반대로 너무 푸석하다면 우유를 1큰술씩 넣는다.
4. 커다란 믹싱볼에 식용유 스프레이를 뿌리고 반죽을 붓는다. 면포나 키친타월로 덮은 후 반죽이 2배로 부풀 때까지 1시간 정도 발효시킨다.
5. 식빵 틀에 식용유를 바른다.
6. 반죽을 동일한 크기로 삼등분한다. 반죽 하나를 꺼내 직사각형 모양으로 만든다. 반죽의 크기가 사용할 식빵팬보다 두껍지 않도록 주의한다. 반죽을 조심스럽게 말아 준비한 식빵팬에 넣는다. 다른 반죽도 똑같이 반복한다.
7. 반죽이 담긴 식빵팬을 면포나 키친타월로 덮고 반죽이 2배로 부풀 때까지 30분 정도 다시 발효시킨다.
8. 오븐을 180℃로 예열한다.
9. 작은 믹싱볼에 달걀과 우유를 풀어 달걀물을 만든다. 반죽 표면에 달걀물을 바른다.
10. 반죽을 오븐에서 15분 동안 굽는다. 상태를 확인해 보고 윗 부분이 타지 않도록 식빵팬을 알루미늄 호일로 살짝 덮는다. 완전히 익을 때까지 15~25분 더 굽는다.

달콤 과일 빵

스카이워치에서의 추억을 떠올리면, 가장 먼저 '진흙 공 대소동'이라는 의식이 생각납니다. 보스머들이 새해를 기념하며 서로에게 진흙 공을 던지는 전통이였죠. 특히 기억에 남는 것은 꼬마들이 저를 향해 일제히 진흙 세례를 퍼붓던 모습입니다. 아이들의 깔깔거리는 웃음소리가 아직도 귓가에 생생하게 남아 있습니다. 물론 저도 지지 않고 열심히 응수했답니다!

의식이 끝나고 깨끗이 씻은 후, 우리는 이 맛있는 빵을 나누어 먹었습니다. 과일이 듬뿍 들어간 빵 조각을 베어 물면 입안 가득 달콤한 맛이 퍼졌습니다. 이 빵을 먹을 때마다 그날의 즐거웠던 순간이 떠오릅니다.

난이도
준비 시간: 30분
숙성 시간: 3시간
조리 시간: 1시간
양: 빵 1개
식이 정보: 비건
종족: 알트머
필요 요리도구: 지름 25cm 크기 더치오븐과 뚜껑

- 중력분 2½컵
- 강력분 1컵
- 코셔 소금 2작은술
- 시나몬 가루 2작은술
- 백설탕 1큰술
- 액티브 드라이 이스트 2작은술
- 건살구 1컵, 다져서
- 건크랜베리 ½컵
- 건체리 ½컵
- 따뜻한 물 1½컵
- 올리브유

1. 커다란 믹싱볼에 중력분, 강력분, 소금, 시나몬, 설탕, 이스트, 살구, 크랜베리, 체리를 넣고 섞는다. 반죽이 가볍게 뭉쳐지는 상태가 될 때까지 물을 넣는다. 반죽이 너무 끈적하면 중력분을 1큰술씩 끈적임이 사라질 때까지 추가한다. 3분 동안 가볍게 반죽한다.
2. 커다란 믹싱볼에 올리브유를 바르고 반죽을 넣는다. 반죽 위에도 올리브유를 바른다. 면포나 키친타월로 덮어 실온에서 2시간 동안 발효시킨다.
3. 반죽을 믹싱볼에서 꺼내 살짝 치대어 공 모양으로 만든다. 유산지 위에 올려 키친타월로 덮고 1시간 동안 추가 발효시킨다.
4. 뚜껑이 있는 더치오븐을 오븐에 넣고 220℃로 30분 동안 예열한다.
5. 반죽 위에 칼집을 세 개 넣는다. 유산지와 함께 반죽을 예열된 더치오븐에 넣는다. 뚜껑을 덮고 30분 동안 굽는다.
6. 뚜껑을 열고 20~30분 더 구워 빵을 완전히 익힌다. 완전히 식을 때까지 식힘망에 올려두었다가 잘라서 먹는다.

수프와 스튜

아르고니안 호박 수프	85
아레이움 휴대용 맑은국	87
우중충한 쓰레기 여관 부야베스	89
엘스웨어 원기회복용 국수	91
사냥꾼 아내의 소고기 스튜	93
용암발 수프와 솔트라이스	95
양고기 스튜	97
우두머리의 사골국	99
숀헬름 소꼬리 수프	101
솔리튜드 연어 수프	103
웨스트 윌드 옥수수 차우더	105

수프와 스튜

제가 불후의 미식가에게 가르침을 받았다는 소문이 퍼지면서, 종종 상류층의 식사 자리에 초대받곤 했습니다. 그런 자리에서 몇몇 귀족들이 수프와 스튜를 저급한 요리로 취급한다는 사실을 알게 되었고, 이는 저를 몹시 당혹스럽게 만들었습니다. 늘 그랬듯 저는 의문을 풀기 위해 자료를 수집했고, 몇 가지 흥미로운 단서를 발견했습니다.

저명한 니벤 요리 전문가 아르폰스 젤리간단테는 요리에 '스튜'라는 이름을 붙이는 것 자체를 모욕으로 여겼다고 합니다. 또한, 제2시대를 대표하는 셰프 도노론은 아무리 맛있는 요리라도 수프 그릇에 담아내면 거들떠보지도 않았다는 기록이 남아 있습니다. 최근에는 블랙 브라이어 가문의 가주가 스튜를 '가난뱅이나 먹는 음식'이라며 깎아내리기도 했습니다. 물론, 가난한 마을과 서민들 사이에서 수프와 스튜가 널리 사랑받는 것은 사실입니다. 적은 재료로 많은 사람이 배를 채울 수 있는 현실적인 방법이기 때문이죠. 하지만 상류 사회에서는 이를 가난과 연결 짓는 경향이 있었습니다.

여행 초반, 시로딜과 발렌우드 국경 근처를 지나던 중 우연히 턴포인트라는 작은 마을을 발견했습니다. 마을의 건물 대부분은 낡아 보였지만, 유독 한 집만큼은 상태가 좋아 보였습니다. 그 집 앞에 앉아 있던 부부는 낯선 나그네인 저를 보고 살짝 놀란 듯했지만, 이내 반갑게 다가와 인사를 건넸습니다.

남편 하사흐는 드래곤스타 출신의 레드가드였고, 아내 이리엘은 퍼스트홀드에서 온 알트머였습니다. 이 특이한 부부는 저와 마찬가지로 역사에 관심이 많았습니다. 둘은 이 지역을 연구하기 위해 이 마을에 정착했고, 공통된 관심사를 통해 가까워지면서 부부의 연을 맺게 되었다고 합니다. 저는 그들의 초대로 저녁 식사를 함께하며, 흥미진진한 턴포인트의 이야기에 귀를 기울였습니다.

제3시대 말, 턴포인트는 주변의 풍부한 자연을 활용해 번창하던 작은 마을이었습니다. 하지만 탈모어의 등장으로 황폐해지고 말았다고 합니다. 하사흐와 이리엘은 이 마을을 되살리고자 노력했지만, 주민들의 마음을 얻기란 쉽지 않았습니다.

저는 마을에 며칠간 머물며 하사흐가 근처 작은 오두막의 지붕을 수리하는 것을 도왔습니다. 마지막 날, 제가 가지고 있던 그럴듯한 식재료가 모두 바닥나 감자 한 개, 소금 약간, 시들어가는 토마토 두 개만으로 소박한 스튜를 만들었습니다. 식사를 하는 동안 하사흐와 이리엘은 턴포인트에서의 삶을 더는 지속하기 힘들 것 같다는 걱정을 털어놓았습니다. 그들은 가정을 꾸리고 싶은 마음이 간절했지만, 다 쓰러져가는 마을에서 아이를 키울 순 없는 노릇이었습니다.

그때, 갑작스럽게 문을 두드리는 소리가 들려왔습니다. 문을 열어보니 비에 흠뻑 젖은 채 추위에 떨고 있는 행상인이 서 있었습니다. 그는 먹음직스러운 스튜 냄새와 굴뚝에서 피어오르는 연기를 보고 찾아왔다며, 잠시 쉬어 갈 수 있는지 물었습니다. 하사흐와 이리엘은 그를 반갑게 맞이했고, 저는 따뜻한 스튜 한 그릇을 대접했습니다. 이 두 번째 방문객은 막 수리를 마친 오두막에서 편히 묵을 수 있었죠. 행상인은 떠나기 전 감사의 표시로 부부에게 스튜 재료가 될 수 있는 채소 씨앗을 선물했습니다. 하사흐와 이리엘은 크게 기뻐하며 행상인에게 고마움을 전했습니다.

다음 날 아침, 저도 떠날 채비를 하며 부부에게 작별 인사를 건넸습

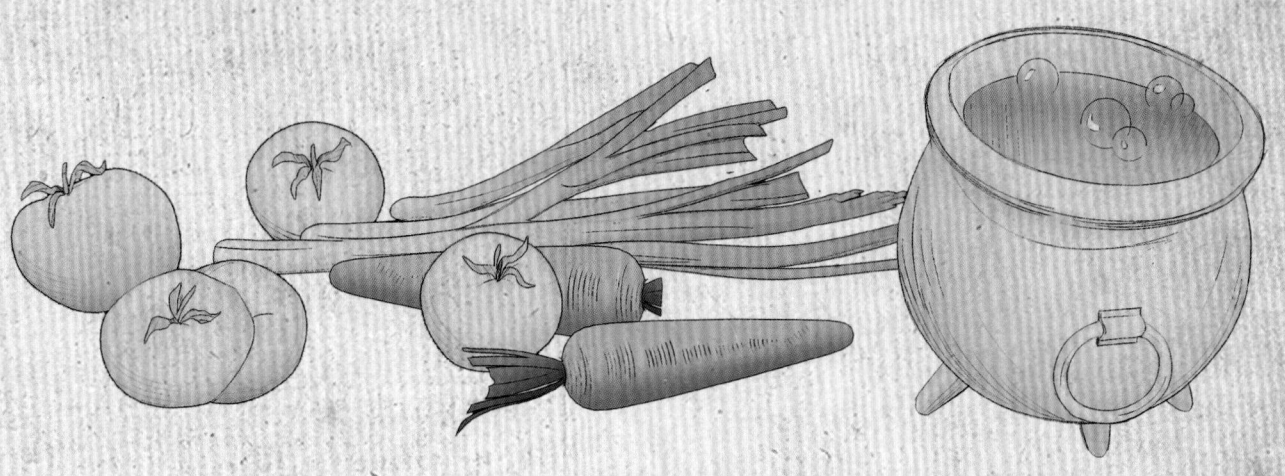

니다. 이리엘은 미소를 지으며 말했습니다. "새 보금자리로 이사하게 되면 꼭 연락할게요. 당신과 함께한 시간은 잊지 못할 거예요."

시간이 흘러 우연히 그 지역을 다시 지나가게 되었을 때, 턴포인트의 이야기가 계속되고 있음을 알게 되었습니다. 스튜를 얻어먹었던 행상인이 그 지역의 풍부한 천연자원에 주목하고, 턴포인트를 자신의 사업 기반으로 삼기로 마음먹었다고 합니다. 그가 선물로 남겨준 씨앗들은 어느새 싹을 틔우고 무럭무럭 자라나고 있었습니다. 이는 새로 수리된 두 채의 오두막 중 한 곳에 정착한 젊은 마법사의 도움이 컸다고 합니다.

하사흐와 이리엘은 계속해서 그 소박한 스튜를 만들었고, 그 맛은 많은 상인을 그 작은 마을로 이끄는 데 크게 일조했습니다. 하사흐는 늘어나는 방문객들을 위해 여관을 열고 싶어 했지만, 이리엘의 임신 소식에 잠시 계획을 미루기로 했습니다. 저는 임신한 이리엘을 위해 당근, 양파, 마늘, 말린 쇠고기를 넣은 근사한 수프를 만들어 주었습니다. 영양가 풍부한 수프를 맛본 이리엘은 환한 미소를 지으며 감사 인사를 전했습니다.

일 년이 흐른 뒤, 저는 턴포인트를 다시 찾을 수 있었습니다. 그 순간, 일 년이라는 시간이 얼마나 놀라운 변화를 불러올 수 있는지 깨닫게 되었습니다. 턴포인트는 마치 제3시대의 영광을 되찾은 듯, 완벽한 모습으로 거듭나 있었습니다. 하사흐와 이리엘의 여관에 머물며, 그들의 사랑스러운 딸아이의 옹알이와 웃음소리를 듣는 것은 정말 즐겁고 감사한 경험이었습니다.

새롭게 조성된 마을 광장의 중심에는 맛있는 스튜가 보글보글 끓고 있는 커다란 가마솥이 자리 잡고 있었습니다. 그 든든하고 먹음직스러운 냄새가 사방으로 퍼져 나가, 길고 긴 여행에 지쳐 그곳을 찾아온 나그네들을 반갑게 맞이하고 있었습니다.

스튜와 수프는 비록 작고 보잘것없어 보이는 마을과 사람들 사이에서 시작되었을지 모르지만, 그 가치를 과소평가해서는 안 됩니다. 스튜는 탐리엘 전역에서 살아가는 근면한 사람들에게 공동체를 만들어 나가는 든든한 토대가 되어주고, 수프는 가족과 친구 간의 정을 이어주는 매개체로서 사람들을 하나로 묶어주는, 보이지 않는 유대감과 같은 역할을 하고 있습니다.

누군가가 이런 스튜와 수프를 보잘것없는 음식이라며 깎아내린다면, 그것은 그들이 진정한 가치를 알아보지 못하는 것입니다. 소박한 음식 안에 담긴 정성과 사랑, 그리고 그것이 만들어내는 공동체의 힘을 간과하는 것이죠. 만약 이런 생각을 가진 이들이 스튜와 수프를 모욕한다면, 저는 기꺼이 그 모욕을 받아들일 것입니다.

아르고니안 호박 수프

이 수프는 제2시대의 유명 요리사의 레시피를 연구한 후 재현해 본 요리입니다. '수프를 많이 만드는 자'라는 별명에 걸맞게, 그는 정말 다양한 수프를 개발했습니다. 여러 명이 함께 나누어 먹을 수 있는 축제용 수프부터 벌꿀주로 만든 수프, 심지어 넌 전역에서 찬사를 받은 수프까지 그 종류는 매우 다양했습니다. 그중에서도 제가 가장 좋아하는 것은 바로 이 풍미 가득한 호박 수프입니다.

난이도:
준비 시간: 45분
조리 시간: 1시간 30분
양: 6인분
식이 정보: 데어리 프리, 글루텐 프리
종족: 아르고니안

단호박 1개, 씨를 제거하고 반으로 잘라서

땅콩 호박 1개, 씨를 제거하고 반으로 잘라서

올리브유 2큰술

코셔 소금

당근 2개, 껍질을 제거하고 깍둑썰어서

샬롯 1개, 깍둑썰어서

마늘 2알, 다져서

생강 2.5cm, 갈아서

레몬그라스 1대

카슈미르 고춧가루 2작은술

고수씨 가루 1작은술

아테이움 휴대용 맑은국(87쪽) 3컵

라임 제스트와 즙, 2개분

코코넛 밀크 385g

흑후추 가루

참고: 단호박을 구하기 어려운 경우, 작은 호박을 사용하면 된다.

선택사항
고수, 다져서, 토핑용
대파, 다져서, 토핑용
볶은 호박씨, 토핑용

1. 오븐을 190°C로 예열한다. 단호박과 땅콩호박을 베이킹 시트에 넣는다. 소금을 넉넉히 뿌리고 올리브유를 꼼꼼히 바른다.
2. 호박을 오븐에 넣고 이쑤시개로 찔렀을 때 부드럽게 들어갈 때까지 45~60분 정도 굽는다. 식힘망에 올려 식힌다.
3. 완전히 식으면 조심스럽게 껍질을 벗기고 잠시 옆으로 치워 둔다.
4. 바닥이 깊은 냄비에 올리브유 1큰술을 두르고 중강불에서 올린다. 당근과 샬롯을 넣고 부드러워질 때까지 5분 동안 볶는다. 마늘, 생강, 레몬그라스, 카슈미르 고춧가루, 고수씨를 넣고 잘 섞어준다.
5. 냄비에 단호박과 땅콩호박, 육수를 넣고 끓인다. 끓기 시작하면 약불로 줄여 20분 동안 끓인다.
6. 불을 끄고 레몬그라스를 건져낸 후 핸드 블렌더나 믹서기로 곱게 갈아준다. 다시 중불로 올리고 라임즙과 제스트, 코코넛 밀크를 넣고 따뜻해질 때까지 조리한다. 소금과 후추로 간을 맞춘다. 고수, 파, 호박씨를 취향에 맞게 곁들여 먹는다.

아테이움 휴대용 맑은국

우리가 서머셋 제도를 처음 방문했을 때, 순탄치 않은 여행이 기다리고 있었습니다. 아직 외지인들을 받아들이지 않는 현지인들이나 경비병을 피해 마을을 서둘러 떠나야 할 때도 있었습니다. 제가 '우리'라고 한 것은 찰티마와 함께 여행 중이었기 때문입니다. 그녀에겐 경비병을 피해야 할 나름의 이유가 있었습니다.

사람들의 이목을 피하며 은밀하게 빠져나가는 일은 쉽지 않았지만, 이 육수 레시피를 알게 된 것만으로도 서머셋 제도 여행은 충분히 값졌습니다. 알트머 자치령 사람들은 이 레시피가 아테이움에서 탄생했다고 말합니다. 저는 이 육수를 사용해 다양한 요리의 맛을 한층 끌어올리곤 합니다.

난이도 ◨◨▢▢▢
준비 시간: 15분
숙성 시간: 3시간
조리 시간: 45분
양: 5컵
식이 정보: 데어리 프리, 글루텐 프리
종족: 알트머

물 5컵
다시마 2장
올리브유 2큰술
양파 1개, 다져서
셀러리 줄기 4개, 다져서
마늘 6알, 으깨서
드라이 화이트 와인 1컵
기름지지 않은 흰살생선 900g
  머리와 뼈를 포함해서, 비늘을
  벗기고 내장과 아가미를
  제거해서
가쓰오부시 1컵
육수용 멸치 1컵, 머리와 내장을
  제거해서
월계수잎 4장
파슬리 줄기 4개

1. 물과 다시마를 중간 크기 냄비에 넣고 뚜껑을 덮어 3시간 동안 다싯물을 우린다. 다시마는 건져낸다.
2. 다른 중간 크기 냄비에 올리브유를 두르고 중강불에 올린다. 양파, 셀러리, 마늘을 넣고 부드러워질 때까지 약 5분 동안 볶는다.
3. 화이트 와인을 붓고 양이 절반으로 줄어들 때까지 약 5분 동안 끓인다. 다시마 육수, 생선, 가쓰오부시, 멸치, 월계수 잎, 파슬리를 넣는다. 끓기 시작하면 약불로 내리고 30분 동안 끓인다. 그동안 위에 뜨는 거품과 같은 불순물은 모두 걷어낸다.
4. 육수가 다 졸아들면 고운 체에 걸러 밀폐 용기에 담는다.
5. 육수는 밀폐 용기에 담아 냉장 보관 시 최대 5일 동안 신선하게 보관할 수 있다.

우중충한 쓰레기 여관 부야베스

웨이크레스트에 머물 때 주민들로부터 해적을 조심하라는 경고를 받았습니다. 그래서 해안을 따라 짧게 산책하는 것을 제외하면, 거의 모든 일정을 클라우디 드레고스 여관의 안전한 울타리 안에서 보냈습니다. 저는 그 여관에서 최고의 해산물 요리를 맛봤습니다. 사프란, 펜넬, 라임 등으로 맛깔나게 양념된 요리였죠!

여관의 선술집에 앉아 있으면, 매일 어부들이 신선한 물고기를 들여오는 모습도 볼 수 있었습니다. 바텐더는 가끔 어부들 중 일부를 가리키며 '쉼 없는 연맹' 해적단 단원이라고 하곤 했는데, 아마도 농담이었을 겁니다. 제가 아는 한, '쉼 없는 연맹'은 이제 더 이상 활동하지 않으니까요...

난이도: ◆◆◇◇◇
준비 시간: 30분
조리 시간: 40분
양: 4인분
식이 정보: 데어리 프리
종족: 레드가드

육수
- 올리브유 2큰술
- 샬롯 3개, 다져서
- 리크 1대, 흰 부분 부분과 연두색 부분만, 다져서
- 펜넬 구근 1개, 다져서
- 로마 토마토 4개, 잘게 다져서
- 마늘 3알, 다져서
- 코셔 소금
- 샤프란 ½작은술
- 파프리카 ½작은술
- 타임 줄기 1개
- 로즈마리 줄기 1개
- 오렌지필 3개분
- 드라이 화이트 와인 ½컵
- 아레이움 휴대용 맑은국 (87쪽) 4컵
- 월계수잎 2개
- 후추

부야베스
- 위에서 만든 육수
- 대구 450g, 큼직하게 잘라서
- 모시조개 10개
- 던저네스크랩 다리 450g
- 새우 10마리, 껍질을 벗기고 내장을 제거해서
- 랍스터 집게 225g
- 참고: 어떤 해산물이든 사용할 수 있다. 조리 시간은 달라질 수 있으니 유의하도록 한다.

곁들임용 바삭한 빵
- 올리브유 3큰술
- 마늘 2알, 다져서
- 쿠민 가루 1작은술
- 바게트 1개, 두껍게 썰어서

육수 만들기
1. 커다란 냄비에 올리브유를 두르고 중강불에 올린다. 샬롯, 리크, 펜넬을 넣고 부드러워질 때까지 약 10분 동안 볶는다. 토마토, 마늘, 소금 한 꼬집, 사프란, 파프리카, 타임, 로즈마리, 오렌지필을 넣고 섞는다.
2. 드라이 화이트 와인을 붓고 양이 절반으로 줄어들 때까지 끓인다. 육수와 월계수 잎을 넣고 약불로 내린 후 뚜껑을 덮고 20분 동안 끓인다.
3. 타임 줄기, 로즈마리 줄기, 월계수 잎을 건져내고 핸드 블렌더로 곱게 갈아준다. 소금과 후추로 간을 맞춘다.

부야베스 만들기
4. 육수가 담긴 냄비를 중강불에 올린다. 육수가 끓기 시작하면 대구를 넣고 2분 동안 삶는다.
5. 조개를 넣고 3분 더 삶는다. 게, 새우, 랍스터를 넣고 조개가 입을 벌리고 생선이 모두 익을 때까지 약 3분 동안 삶는다.

곁들임용 바삭한 빵 만들기
6. 작은 믹싱볼에 올리브유와 마늘, 쿠민을 넣고 섞어 실온에서 30분 동안 둔다.
7. 오븐을 200°C로 예열한다. 바게트 조각들을 베이킹 시트에 올린다. 각 조각의 한 면에 양념한 올리브유를 바른다.
8. 오븐에 넣고 4분 동안 굽는다. 바게트를 뒤집어 바게트의 반대쪽에도 양념한 올리브유를 바르고 4분 더 굽는다. 따뜻할 때 부야베스를 곁들여 먹는다.

엘스웨어 원기회복용 국수

찰티마는 종종 엘스웨어의 다양한 음식을 묘사하며 제 입맛을 자극했습니다. 특히 풍미 있는 국물과 가볍지만 포만감을 주는 국수를 설명할 때면, 저도 모르게 입에 침이 고이곤 했죠. 당시 우리는 시로딜에 있었기에 그녀가 말하는 재료를 구하기가 쉽지 않았습니다. 다행히도 브라발에서 스카브라는 카짓을 만나 적당한 재료를 구할 수 있었습니다.

스카브라는 우리에게 자신의 고고고고조할머니 이야기를 들려주었습니다. 그분은 도둑 길드를 통해 값비싼 엘스웨어산 사치품을 시로딜로 밀수했다고 하더군요. 이 이야기를 듣고 나니 지금 같은 시대에 살고 있다는 사실이 감사하게 느껴졌습니다. 요즘은 각 지역의 다양한 음식 재료를 훨씬 쉽게 구할 수 있으니까요!

난이도
- 준비 시간: 1시간
- 숙성 시간: 24시간
- 조리 시간: 1시간
- 양: 4인분
- 식이 정보: 데어리 프리
- 종족: 카짓

구운 오리 다리
- 오리 다리 4개
- 코셔 소금
- 오향분 1큰술
- 고수씨 가루 1작은술
- 오렌지 제스트 1개분
- 레몬 제스트 1개분
- 올리브유 2큰술
- 흑설탕 1작은술

수프
- 닭 육수 6컵
- 레몬그라스 1대
- 생강 5cm, 잘라서
- 인삼 5cm, 잘라서
- 팔각 2개
- 간장 2작은술
- 소홍주 1작은술
- 유채 나물 230g, 큼직하게 잘라서
- 쌀국수 340g, 삶아서
- 쪽파 2대, 다져서

참고: 소홍주는 다른 요리용 술로 대체할 수 있다 (드라이 셰리가 가장 좋은 대체품이다). 유채 대신 청경채를 사용할 수 있다(시금치로도 대체 가능하다). 인삼은 대부분 식료품점에서 구할 수 있지만, 찾을 수 없다면 레시피에서 생략해도 무방하다.

구운 오리 다리 만들기
1. 약 3컵의 물을 끓인다. 싱크대 위에 철망을 올린다. 오리 다리의 껍질 부분이 위로 가도록 올린다. 오리 다리에 끓는 물을 절반 정도 붓는다. 오리 다리를 뒤집고 남은 끓는 물을 붓는다.
2. 오리 다리를 식힘망을 올린 베이킹 시트에 올려 물기를 꼼꼼히 제거한다. 오리 다리 전체에 소금을 넉넉히 뿌린다. 그대로 냉장고에 넣고 하룻밤 동안 수분을 날려준다.
3. 오븐을 165°C로 예열한다. 오리 다리의 껍질 부분을 이쑤시개로 여러번 찔러 구멍을 낸다. 작은 믹싱볼에 오향분, 고수씨, 오렌지&레몬 제스트, 올리브유, 흑설탕을 넣고 섞어 양념을 만든다.
4. 양념을 오리 다리 전체에 바른다. 오리 다리의 껍질 부분이 위로 가도록 오븐에 넣고 45분 동안 굽는다.
5. 온도를 220°C로 높이고 껍질이 바삭해질 때까지 15분 더 굽는다. 오븐에서 꺼내 알루미늄 호일로 덮고 10분 동안 레스팅 한다.

수프 만들기
1. 중간 크기 냄비에 닭 육수, 레몬그라스, 생강, 인삼, 팔각을 넣고 중강불에 올린다. 끓기 시작하면 중불로 내리고 20분 동안 끓인다.
2. 육수에서 레몬그라스, 생강, 인삼, 팔각을 건져낸다. 간장과 소홍주를 넣고 잘 섞는다. 유채 나물을 넣고 숨이 죽을 때까지 끓인다.

완성하기
1. 그릇에 쌀국수 85g을 담는다. 그 위에 유채 나물과 파를 취향에 맞게 올린다. 오리 다리 한 개를 담는다. 육수를 붓고 뜨거울 때 먹는다.

사냥꾼 아내의 소고기 스튜

어릴 적, 아버지와 함께 이웃 요새인 더쉬니크 얄을 방문한 기억이 있습니다. 동맹을 다지기 위한 방문이었죠. 전사들끼리 힘겨루기 대회도 열고, 누나의 미래 남편감을 찾아보는 그런 자리였습니다. 그날 저녁 대접받은 스튜의 부드럽고 풍부한 맛이 오랫동안 기억에 남았습니다. 그 잊지 못할 맛을 다시 경험하고 싶어 여행 중에 더쉬니크 얄을 다시 찾았습니다. 이 레시피는 족장의 아내인 아홉에게 배웠습니다. 그녀에 따르면, 이 요리법은 옛 베스닉 지역 사냥꾼의 아내들로부터 전해 내려왔다고 합니다.

난이도
준비 시간: 1시간
조리 시간: 5시간
양: 6인분
식이 정보: 데어리 프리
종족: 오시머
필요 요리도구: 지름 25cm 크기 더치오븐과 뚜껑

카놀라유, 튀김용
소갈비(갈비찜용) 1.35kg
양파 1개, 큼직하게 잘라서
생강 5cm, 다져서
마늘 5알, 다져서
대파 4대, 하얀부분만 사용
꿀 2큰술
흑설탕 2큰술
무 1개, 껍질을 벗기고 4등분한 후 1cm 두께로 잘라서
파스닙 2개, 2.5cm 두께로 잘라서
간장 ½컵
우두머리의 사골국 (99 쪽) 1컵
피시소스 2작은술
맛술 ½컵
팔각 1개
시나몬스틱 ½개

토핑
당면 455g, 익혀서
쪽파 2대, 다져서

1. 오븐을 120℃로 예열한다. 더치오븐을 중강불에 올리고 카놀라유 2큰술을 두른다.
2. 소갈비를 더치오븐에 조금씩 넣어 모든 면이 먹음직스러운 갈색이 될 때까지 굽는다. 구워진 고기는 꺼내서 접시에 올린다.
3. 소갈비를 구운 더치오븐에 카놀라유를 더 두른다. 양파를 넣고 부드러워질 때까지 5분간 볶는다. 생강, 마늘, 파를 넣고 3분간 볶는다. 꿀과 흑설탕을 넣고 잘 섞일 때까지 저어준다.
4. 무, 당근, 파스닙을 더치오븐에 넣고 섞는다. 채소들이 약간 부드러워질 때까지 5~8분간 볶는다.
5. 조금 전 구워놨던 갈비를 더치오븐에 넣는다. 작은 믹싱볼에 간장, 사골국, 피시소스, 맛술을 넣고 섞어 육수를 만든다. 육수를 더치오븐에 붓고 모든 재료와 잘 어우러지도록 섞는다. 팔각과 시나몬 스틱을 넣는다.
6. 뚜껑을 덮고 오븐에 넣는다. 소고기가 부드러워질 때까지 최소 4시간 동안 조리한다. 90분마다 확인하고 눌어붙지 않도록 저어준다. 완성되었다면 팔각과 시나몬 스틱을 건져낸다. 당면과 파를 곁들여 따뜻할 때 먹는다.

용암발 수프와 솔트라이스

스크립 젤리는 다루기 까다로운 식재료입니다. 이 젤리의 원료가 되는 생물을 보면 징그럽다고 생각할 수 있지만, 스크립 젤리는 매우 유용합니다. 모로윈드와 그 주변 지역에서는 '역병'으로 알려진 질병의 치료제로 널리 쓰이고 있습니다. 게다가 잘만 활용하면 다양한 요리의 맛있는 토핑으로도 손색이 없답니다!

난이도
준비 시간: 45분
조리 시간: 3시간 30분
양: 6인분
식이 정보: 데어리 프리, 글루텐 프리
종족: 던머

스크립 육수
닭 육수 6컵
닭발 450g
리크 2대
흑후추 2큰술
월계수잎 2개

참고: 스크립 젤리를 사용하는 게 기본 레시피이나 일반인이 스크립 젤리를 구하기는 매우 어려울 것이다. 닭발에는 젤라틴이 많아 완벽한 대체품이 될 수 있다.

수프
올리브유 1큰술
양파 1개, 다져서
리크 1대, 흰 부분과 연두색 부분만 사용, 다져서
마늘 2알
셀러리 줄기 3대, 다져서
당근 3개, 다져서
드라이 화이트 와인 ½컵
건조 타임 1큰술
스크립 육수 5컵
와일드 라이스 ¾컵
고구마 450g, 껍질을 벗기고 썰어서
코코넛 밀크 400g
코셔 소금
흑후추 가루

스크립 육수 만들기
1. 중간 크기 냄비에 닭 육수, 닭발, 리크, 통후추, 월계수 잎을 넣고 중강불에 올린다. 끓기 시작하면 중불로 내리고 2시간 동안 끓인다.
2. 고운 체에 밭쳐 조심스럽게 육수와 재료들을 분리한다. 육수는 밀폐 용기에 담아 냉장 보관 시 최대 5일, 냉동 보관 시 최대 4개월 동안 신선하게 보관할 수 있다.

수프 만들기
1. 커다란 냄비에 올리브유를 두르고 약불에 올린다. 양파와 리크를 넣고 투명해질 때까지 5분간 볶는다. 마늘, 셀러리, 당근을 넣는다. 당근이 약간 부드러워질 때까지 10분간 볶는다.
2. 화이트 와인을 붓고 양이 절반으로 줄어들 때까지 약 5분 동안 끓인다. 타임과 스크립 육수를 넣는다. 와일드 라이스를 넣고 10분 동안 끓인다.
3. 고구마를 넣고 와일드 라이스가 부드러워질 때까지 40분 더 끓인다. 코코넛 밀크를 넣고 따뜻해질 때까지 조리한다. 소금과 후추로 간을 맞춘다.

* 스크립 젤리: 크와마의 유충인 스크립을 가공해서 얻을 수 있는 식재료이다.

양고기 스튜

찰티마를 처음 만났을 때, 그녀는 이미 이 레시피를 알고 있었습니다. 출처를 물었지만 그녀는 미소만 지을 뿐 대답을 피했습니다. 여러 차례 실험 끝에, 저는 이 보스머식 반다리* 요리에 나름의 요령을 터득하게 되었습니다.

재미있는 점은, 찰티마의 레시피 마지막에 "상했으면 버리고 케이크나 먹어."라는 괴상한 지침이 있었다는 겁니다. 그녀는 이 문구를 꼭 모음집에 넣어달라고 했습니다. 물론 공식 지침으로 추가할 순 없었습니다. 사실 저는 이 스튜를 남긴 적이 한 번도 없거든요.

난이도
준비 시간: 30분
조리 시간: 1시간 15분
양: 4~6인분
식이 정보: 데어리 프리, 글루텐 프리
종족: 보스머 / 카짓
필요 요리도구: 지름 25cm 크기 더치오븐과 뚜껑

가람 마살라 2큰술

쿠민 가루 2큰술

호로파 잎 1½큰술

카다멈 가루 1큰술

고수씨 가루 1큰술

펜넬 씨드 가루 1큰술

코셔 소금 2작은술

양 어깻살 1.8kg, 2.5cm 크기로 깍둑썰어서

오리 기름 3~5큰술

양파 3개, 잘라서

통마늘 1개, 다져서

황설탕 ⅓컵

토마토 페이스트 2큰술

우두머리의 사골국 (99쪽) 4컵

월계수잎 2개

고구마 2개, 껍질을 벗기고 큼직하게 썰어서

1. 커다란 믹싱볼에 가람 마살라, 쿠민, 호로파 잎, 카다멈, 고수씨, 펜넬 씨드, 소금을 섞는다. 양고기를 넣고 골고루 버무린다.
2. 더치오븐에 오리 기름 1큰술을 두르고 중불에 올린다. 양고기를 조금씩 넣어 모든 면이 먹음직스러운 갈색이 될 때까지 굽는다. 구운 고기는 꺼내 접시에 담아둔다.
3. 더치오븐에 오리 기름 1큰술 더 두른다. 양파를 넣고 부드러워질 때까지 볶는다. 마늘, 황설탕, 토마토 페이스트, 구운 양고기, 남은 향신료를 모두 넣고 잘 섞는다.
4. 재료가 겨우 잠길 정도로 육수를 붓고 월계수 잎을 넣는다. 끓으면 약불로 내리고 뚜껑을 반쯤 덮어 30분간 끓인다. 고구마를 넣고 양고기가 부드러워질 때까지 1시간 더 끓인다. 내어내기 전 월계수 잎을 건져낸다.

*반다리: 탐리엘 대륙에서 활동하는 카짓 상인 집단. 독특한 복장과 화려한 장식품으로 쉽게 구별된다.

우두머리의 사골국

늑대인간들과 함께 이 국을 먹었다면 믿으시겠어요? 믿기 어려운 이야기겠지만, 실제로 제가 경험했던 일입니다. 로릭스테드에서 드래곤 브리지로 가는 길에 작은 캠프에 초대받았는데, 그곳에서 이 진하고 원기 회복에 좋은 국을 대접받았습니다.

특히 기억에 남는 건 털이 무척 많은 남자였습니다. 그는 이 캠프에 '합류'하게 된 이야기를 자랑스레 들려주었는데, 허풍이 너무 심해서 어디까지가 진실인지 가늠하기 힘들었습니다.

그런데 밤이 깊어지자, 그들이 갑자기 달을 향해 울부짖기 시작했고, 저는 그 자리를 황급히 빠져나왔습니다. 아무리 맛있는 국이라도 늑대인간이 될 위험을 감수할 수는 없으니까요!

난이도
준비 시간: 30분
조리 시간: 24시간
양: 2~3L
식이 정보: 데어리 프리, 글루텐 프리
종족: 늑대인간

소뼈 1.8kg
리크 2대, 반으로 갈라서
통 셀러리 1개, 반으로 잘라서
당근 5개, 반으로 잘라서
양파 3개, 반으로 잘라서
통마늘 1개, 반으로 잘라서
월계수잎 3개
애플사이다비네거 1큰술
닭발 450g
소금

1. 커다란 냄비에 소뼈, 리크, 셀러리, 당근, 양파, 마늘, 월계수 잎, 애플사이다비네거를 넣는다. 재료가 잠길 만큼 물을 붓고 약불에 올린다. 18~24시간 동안 시머링한다. 중간중간 육수의 상태를 확인하고 거품과 같은 불순물은 모두 걷어낸다.
2. 완성되기 6시간 전에 닭발을 넣는다. 육수가 완성되면 면포로 거른 후 실온에 두어 식힌다. 식은 육수는 밀폐 용기에 담아 냉장 보관 시 최대 7일, 냉동 보관 시 최대 4개월간 보관할 수 있다.
3. 다른 요리에 활용하지 않고 그대로 마시려면 육수를 데워 커피 필터로 한 번 거른 후 취향에 맞게 소금으로 간을 해서 먹는 게 좋다.

참고: 육수를 다른 수프의 베이스로 사용하는 경우에는 커피 필터로 걸러낼 필요가 없다. 커피 필터는 과도한 지방이나 작은 찌꺼기를 제거하여 투명하고 깨끗한 육수를 만들기 위함이다.

손헬름 소꼬리 수프

손헬름 사람들은 제 고향 사람들 못지않게 강인합니다. 쿠랄리안 산맥 한가운데 있는 리븐스파이어에서 살아가는 것 자체가 그들을 단련시켰을 것입니다.

저는 손헬름 음식을 맛보고 싶어 한 식당에 들어갔다가 곧바로 쫓겨난 적이 있습니다. 웨이터 말로는 주방장이 제2시대에 일어난 오시머의 손헬름 방화 사건에 대한 원한을 아직도 품고 있다더군요. 당장 우리 오시머의 고향인 오시니움이 브레튼에 의해 먼저 파괴되었다고 따지고 싶었지만, 그가 들으려 하지 않을 것을 알았기에 그냥 참았습니다. 대신 오래된 브레튼 요리책에서 찾은 이 수프를 만들어 다시 찾아갔죠. 수프의 향기에 이끌린 웨이터의 설득 덕분에 완고한 주방장도 마침내 마음을 열고 저를 받아들였습니다.

난이도 ◆◆◇
준비 시간: 30분
조리 시간: 4시간
양: 4~6인분
식이 정보: 데어리 프리
종족: 브레튼
필요 요리도구: 지름 25cm 크기 더치오븐과 뚜껑

중력분 ½컵
흑후추 가루 2작은술
건조 타임 2작은술
코셔 소금 1작은술
소고기 900g
카놀라유 2큰술, 필요한 만큼 조금 더 준비
양파 2개, 잘라서
적양파 1개, 잘라서
마늘 4알, 다져서
당근 3개, 껍질을 벗기고 2.5cm 두께의 원형으로 썰어서
파스닙 3개, 껍질을 벗기고 2.5cm 두께의 원형으로 썰어서
레드와인 3컵
토마토 페이스트 3큰술
우두머리의 사골국 (99쪽) 2컵
월계수잎 2개

1. 오븐을 165°C로 예열한다.
2. 중간 크기 믹싱볼에 중력분, 후추, 타임, 소금을 넣고 섞는다. 소고기를 넣고 버무린다.
3. 더치오븐에 오리 기름 1큰술을 두르고 중불에 올린다. 소고기를 넣고 모든 면이 먹음직스러운 갈색이 될 때까지 굽는다. 구운 고기는 꺼내 접시에 담아둔다.
4. 소고기를 구운 더치오븐에 카놀라유 1큰술을 두른다. 양파를 넣고 부드러워질 때까지 15분간 볶는다. 마늘을 넣고 2분 더 볶는다.
5. 당근과 파스닙을 넣고 5분간 볶는다. 구워두었던 소고기, 레드 와인, 토마토 페이스트, 육수를 넣고 토마토 페이스트가 잘 섞일 때까지 저어준다.
6. 월계수 잎을 넣고 뚜껑을 덮어 오븐에서 3시간 동안 조리한다. 소고기가 부드러워지면 월계수 잎을 건져내고 내어낸다.

솔리튜드 연어 수프

발라고고의 엄격한 지도 아래 저는 이 수프를 셀 수 없이 만들었습니다. 두 번째 시도부터는 괜찮은 수프를 만들었다고 생각했지만, 그는 계속해서 처음부터 다시 하라고 요구했습니다. 12번째 시도마저 거절당하자 결국 저도 불만을 터뜨렸습니다. "이 정도면 솔리튜드의 평범한 식당에서도 내놓을 수 있는 수준은 된다고요." 그러자 발라고고가 대답했습니다. "이제 뭐가 문제인지 알겠지?"

그 말에 깨달음을 얻고, 저는 연습과 실험을 거듭했습니다. 토마토의 양을 줄이고 딜과 레몬의 향을 끌어올렸습니다. 그날 저녁, 발라고고는 제 수프를 두 그릇, 세 그릇 더 달라고 했습니다! 저는 이 수프가 탄생한 도시와, 이 레시피를 개발하면서 느꼈던 고독함을 담아 '솔리튜드(Solitude) 연어 수프'라고 이름을 지었습니다.

난이도
준비 시간: 30분
조리 시간: 50분
양: 6인분
식이 정보: 글루텐 프리
종족: 노드

- 카놀라유 1½큰술
- 양파 ½개, 다져서
- 코셔 소금
- 흑후추 가루
- 마늘 2알, 다져서
- 셀러리 줄기 1개, 다져서
- 당근 1개, 다져서
- 아레이움 휴대용 맑은국 (87쪽) 3컵
- 유콘 골드 감자(중간질 감자) 230g, 큼직하게 썰어서
- 기장 ½컵
- 연어 230g
- 우유 ½컵
- 하프앤하프 크림 ½컵
- 신선한 딜 2작은술, 다져서
- 레몬즙 레몬 ½개 분

1. 커다란 냄비에 카놀라유를 두르고 중불에 올린다. 양파를 넣고 투명해질 때까지 5분간 볶는다. 소금과 후추로 간한다. 마늘, 셀러리, 당근을 넣고 당근이 살짝 부드러워질 때까지 7분간 더 볶는다.
2. 육수와 감자를 넣는다. 끓기 시작하면 약불로 내리고 10분간 끓인다. 기장을 넣고 20분 더 끓인다.
3. 연어를 넣고 5~8분간 완전히 익을 때까지 끓인다.
4. 우유, 하프앤하프 크림, 딜, 레몬즙을 넣고 잘 섞이고 따뜻해질 때까지 저어준다. 소금과 후추로 마지막 간을 한다.

웨스트 월드 옥수수 차우더

웨스트 월드의 이 평범해 보이는 조개 수프에는 특별한 의미가 담겨있습니다. 이 수프는 주로 오랫동안 고향을 떠났다가 돌아온 사람들, 특히 무사히 귀환한 전사들을 환영하는 자리에서 대접됩니다. 이 수프를 함께 나누면, 돌아온 사람과 기다렸던 사람 모두에게 행운이 깃든다고 하죠. 이렇게 따뜻한 전통이 담긴 요리라니, 정말 아름답지 않나요? 저도 언젠가 특별한 사람을 위해 이 수프를 만들어보고 싶습니다.

난이도:
준비 시간: 30분
조리 시간: 40분
양: 4인분
식이 정보: 락토 오보 베지테리안
종족: 임페리얼

- 올리브유 1½큰술
- 양파 1개, 다져서
- 펜넬 구근 1개, 다져서
- 마늘 3알, 다져서
- 채소 육수 4컵
- 유콘 골드 감자(중간질 감자) 450g
- 옥수수알 4컵
- 코셔 소금 2작은술
- 흑후추 가루 1작은술
- 생크림 ⅓컵

1. 중간 크기 냄비에 올리브유를 두르고 중강불에 올린다. 양파와 펜넬을 넣고 8~10분간 부드러워질 때까지 볶는다. 마늘을 넣고 2분 더 볶는다.
2. 채소 육수, 감자, 옥수수, 소금, 후추를 넣는다. 끓기 시작하면 약불로 줄인다. 뚜껑을 연 채로 감자가 부드러워질 때까지 25분간 끓인다.
3. 수프의 절반을 덜어 믹서기나 핸드 블렌더로 곱게 갈아준 후 냄비에 다시 넣는다. 생크림을 추가하고 중약불에 올려 따뜻해질 때 까지 저어준다. 소금과 후추로 취향껏 간한다.

메인 요리

아테이움 생선 덮밥	111
오키쉬 핫도그	113
공작 콩피	115
구운 농어	117
마늘과 후추를 곁들인 사슴고기 볶음	119
꿩 구이	121
훈딩항 치즈 감자튀김	123
센찰 생선 카레	127
돌이빨 연회용 닭요리	131

메인 요리

발라고그의 요리는 단순한 요리가 아니라 모험과 추억의 집합체였습니다. 새피아크 대학에서 몰래 빼낸 훈제 은빛 농어 요리부터 스쿠마를 마시며 개발한 선라이트 수플레까지! 그의 요리에는 저마다의 특별한 이야기가 담겨 있었습니다.

여행을 거듭하면서 저는 점차 노련한 모험가이자 요리사로 성장했고, 새로운 모험을 은근히 기대하게 되었습니다. 하지만 멋진 이야기를 만들기 위해서는 먼저 용기를 내야 한다는 사실을 깨닫는 데는 꽤 오랜 시간이 걸렸습니다. 겁이 많았던 저는 흥미진진한 모험을 동경하기만 했을 뿐, 모험의 세계로 뛰어들 용기는 내지 못했던 것입니다. 탐리엘을 한 바퀴 돌고 나서 스카이림으로 다시 돌아올 때까지도 말입니다.

그러던 어느 날, 블랙리치로 모험을 떠나볼까 하는 생각이 문득 스쳐 지나갔습니다. 블랙리치에서 돌아온 모험가들은 그곳의 빛나는 거대한 버섯들과 고대 드웨머 건축물의 장엄함에 대해 입을 모아 찬사를 보냈습니다. 저 역시 드웨머가 걸었을 바로 그 복도를 거닐고, 그들의 부엌에서 요리하는 것을 상상하곤 했습니다. 하지만 블랙리치로의 여행이 실제로 이루어질 거라고는 꿈에도 생각하지 못했습니다. 그곳에 서식한다는 팔머와 차우루스에 대한 소름 끼치는 소문 때문에 그 생각은 금세 사그라들었기 때문입니다.

그러나 모로윈드에서 만난 한 나그네로부터 '크림슨 넌루트'라는 마치 신화 속에나 등장할 법한 식재료에 대한 이야기를 듣게 되었습니다. 이 재료는 믿을 수 없을 만큼 독특한 특성을 지니고 있으며, 마법과 같은 환상적인 맛을 낸다고 했습니다. 무엇보다도 블랙리치에서만 자라는 희귀한 식재료라는 사실이 저의 호기심을 자극했습니다. 크림슨 넌루트에 대한 생각은 제 마음을 떠나지 않았습니다.

이를 계기로 저는 드웨머의 실종에 얽힌 수수께끼와 그들의 요리 문화에 대한 상당한 양의 정보를 수집하기 시작했습니다. 제가 과연 드웨머의 요리를 복원하고, 요리학자와 역사학자 모두를 열광시킬 만한 요리를 선보일 수 있을지 상상해 보았습니다. 만약 그런 도전에 성공한다면, 제 요리 모음집은 모두의 찬사를 받게 될 것이고, 분명 훌륭한 이야깃거리가 되리라 확신했습니다. 물론 위험이 따를 거라는 건 알고 있었습니다. 하지만 여행을 거듭하며 얻은 단단해진 용기가 저를 떠밀었습니다. 이대로 꿈을 포기할 순 없었습니다. 블랙리치에 묻혀 있다는 고대 드웨머 요리책, 그리고 전설의 식재료 크림슨 넌루트가 저의 새로운 목표가 되었습니다.

화이트런에서 저와 함께할 용감하고 능력 있는 용병들을 모집했습니다. 컴패니언즈 소속의 벤도스, 밀하, 롬스턴이 선발되었고, 우리는 함께 위험한 여행을 시작했습니다. 블랙리치의 위험성을 잘 알고 있던 우리는 차우루스의 흔적이 보일 때마다 멀리 돌아가는 길을 선택했고, 조심스럽게 발걸음을 내디뎠습니다. 여러 번 길을 돌아 한참을 걸어가던 중, 신비롭게 빛나는 버섯들이 눈에 들어왔습니다. 그리고 곧, 우리 앞에 드웨머 도시의 전경이 펼쳐졌죠. 거대한 버섯들이 내뿜는 형광빛에 비친 웅장한 구조물들은 정말 압도적이었습니다. 모두가 경외감에 사로잡혀 숨을 죽이며 바라보던 그 고요한 순간은 영원히 잊지 못할 것입니다. 이 숨 막히는 광경 앞에서 우리는 서로 간에 말로 표현할 수 없는 유대감을 느꼈습니다. 하지만 그때만 해도 우리 앞에 어떤 일들이 기다리고 있는지 전혀 짐작하지 못했습니다.

블랙리치의 정문을 지나자마자, 우리는 어둠 속에서 나타난 정체불명의 인영들에 둘러싸였습니다. 팔머였습니다! 그놈들은 마치 전염병처럼 순식간에 우리에게 달려들었습니다. 저는 겁에 질려 본

능적으로 뒤로 물러나 근처에 있던 바위 뒤로 숨어버렸습니다. 하지만 벤도스, 밀하, 롭스턴은 마치 아버지가 원했던 용맹한 전사처럼 맞서 싸웠습니다. 한동안 치열한 전투가 벌어졌고, 전투의 굉음이 사방에 울려 퍼졌습니다. 점차 소리가 잦아들더니, 깊은 정적만이 남았습니다. 떨리는 손과 쿵쾅대는 마음을 진정시키며 조심스레 기어나와 주변을 살폈습니다. 하지만 아무도 보이지 않았습니다. 그때 도시의 불빛 아래로 아찔한 광경이 제 눈에 들어왔습니다. 팔머들이 제 동료들을 끌고 가고 있었던 것입니다.

절망감에 사로잡혔습니다. 동료를 버리고 홀로 귀환한다는 건 상상조차 할 수 없었습니다. 그렇게 한다면 평생 양심의 가책에 시달릴 것이 분명했습니다. 하지만 제가 나선다 한들 그들을 구출할 확률은 희박해 보였습니다. 셋 모두 저보다 뛰어난 전사였지만, 팔머에게 무참히 패배하고 말았습니다. 지금 상태로 저 혼자 팔머를 추격한다면 몇 걸음 내디디기도 전에 목숨을 잃을 게 뻔했습니다.

설상가상으로 물자가 든 배낭은 붙잡혀간 밀하가 가지고 있었기에 곧 식량과 물이 바닥날 게 뻔했습니다. 제게 남은 것은 잠자는 데 도움이 될까 싶어서 가져온 잠자는 나무의 수액이 든 작은 병뿐이었습니다. 깊은숨을 들이쉬며 마음을 가라앉히고 상황을 냉철히 분석했습니다. 희망이라곤 보이지 않았지만, 그래도 어떻게든 탈출구를 찾아보려 애썼습니다.

그러던 중, 한 가지 계획이 떠올랐습니다. 완벽한 계획은 아니었지만, 지금의 막막한 상황보다는 훨씬 나아 보였습니다. 다만 이 계획의 성패는 전설로만 여겨지던 크림슨 넌루트를 찾을 수 있느냐에 달려 있었습니다.

저는 팔머 순찰대의 눈을 피해 숨을 죽이며 주변을 살살이 살폈습니다. 시간이 흐를수록 집중력은 흐트러졌지만, 포기할 순 없었습니다. 그때 어디선가 종소리 같은 청아한 소리가 들려왔습니다. 그 희미한 소리를 따라가다 보니, 바위 틈새에서 고개를 내민 붉은색 식물이 눈에 들어왔습니다.

빛나는 버섯 아래서 그 식물을 자세히 들여다보았습니다. 의심할 여지가 없었습니다. 바로 그토록 찾아 헤맸던 크림슨 넌루트였습니다! 시간은 점점 흘러가고 있었고, 동료들을 더는 팔머의 손아귀에 둘 순 없었습니다. 그래서 저는 수많은 선대 요리사들이 줄곧 경고해왔던 것을 무시하기로 했습니다. 눈을 질끈 감고 숨을 들이마신 뒤, 이 신비로운 식물의 붉은 잎사귀를 조심스레 씹기 시작했습니다. 순간 온몸을 휩쓰는 고통에 배를 움켜쥐고 쓰러졌습니다. 그런

데 그 순간 믿기 힘든 광경을 목격했습니다. 아니, 정확히 말하자면 보지 못했다고 해야 할까요? 왜냐하면, 제 손가락이, 아니 온몸이 보이지 않게 된 것입니다! 황급히 남은 넌루트를 주머니에 쑤셔 넣고, 팔머들의 흔적을 따라 소리 없이 발걸음을 옮겼습니다.

도시를 한참 헤맨 끝에 동료들이 갇힌 감옥과 그 앞을 지키는 팔머들을 발견했습니다. 마치 영원처럼 느껴지는 시간 동안 넌루트를 조금씩 먹으며 그들을 관찰했지만, 경비병들은 끝내 자리를 뜨지 않았습니다. 이대로는 안 되겠다고 판단했습니다. 그래서 조용히 그들의 기지에 잠입해 식량 저장고를 찾아냈습니다. 그리고 잠자는 나무의 수액을 말린 고기 위에 살짝 뿌린 뒤, 경비병들 근처에 슬쩍 놓아두었습니다. 말라카스께 감사하게도, 제 계획은 완벽히 들어맞았습니다! 경비병들은 제가 놓아둔 음식을 발견하고는 게걸스럽게 먹어 치운 뒤, 이내 깊은 잠에 빠져들고 말았습니다. 저는 재빨리 감옥 열쇠를 챙겨 동료들에게 달려갔고, 그들의 결박을 풀어주었습니다. 남은 크림슨 넌루트로 우리는 투명 인간이 되어 무사히 블랙리치를 빠져나올 수 있었습니다.

이렇게 해서 제 인생 최고의 모험 이야기가 탄생했습니다. 비록 원래의 목표였던 전설의 드웨머 요리책은 얻지 못했지만, 그보다 더 값진 추억을 얻었습니다.

마을로 돌아와 모험을 함께한 일행을 위해 요리의 폭풍을 일으켰습니다. 돌이빨 연회용 닭요리, 농어구이, 마늘과 후추를 듬뿍 넣은 사슴고기 볶음까지! 동료들과 이야기를 나누며 웃는 사이, 저는 한 가지 중요한 깨달음을 얻었습니다. 맛있는 요리를 즐기기 위해 반드시 대담한 모험으로 가득 찬 이야기가 필요한 건 아니라는 사실을요.

아테이움 생선 덮밥

어느 이른 아침, 서머셋 제도의 한적한 강가에서 낚시를 즐기던 중 뜻밖의 물건을 건졌습니다. 물에 흠뻑 젖은 일기장이었는데, 내용 대부분은 번져 알아볼 수 없었고, 끝부분에 적힌 짧은 덮밥 레시피만 겨우 판독할 수 있었습니다. 호기심에 이끌려 그날 저녁, 그 레시피대로 생선 덮밥을 만들어 먹었습니다. 그런데 이 요리에는 뭔가 신비한 힘이 깃든 것이 분명했습니다. 그다음 날부터 물고기들이 마치 제 손으로 뛰어드는 것처럼 낚시 운이 믿기지 않을 정도로 좋아졌거든요! 이런 신기한 경험을 하고 나니, 문득 이런 생각이 들더군요. 세상에 떠도는 허무맹랑해 보이는 신화들도 어쩌면 우리가 모르는 진실의 씨앗을 품고 있는 건 아닐까요?

난이도:
준비 시간: 1시간
숙성 시간: 30분
조리 시간: 20분
양: 4인분
식이 정보: 데어리 프리
종족: 알트머

채소 피클
래디쉬 6개, 얇게 썰어서
오이 1개, 얇게 썰어서
당근 3개, 얇게 썰어서

피클 베이스(채소 종류당)
쌀식초 ½컵
물 ½컵
꿀 1큰술
설탕 3큰술
코셔 소금 1큰술
통후추 1작은술

퀴노아 샐러드
삼색 퀴노아 1½컵
채소 육수 3컵
소금 1작은술
검은깨 1큰술
쪽파 3대
고수 2큰술, 다져서
쌀식초 3큰술
올리브유 1큰술

참치 포케
간장 3큰술
유자즙 2큰술
백미소 1큰술
참기름 2작은술
쌀식초 2작은술
라임 제스트 1작은술
횟감용 참치 450g, 깍둑썰어서

완성하기
김 1장
아보카도 1개, 썰어서

참고: 유자즙은 메이어 레몬으로 대체할 수 있다.

채소 피클 만들기
1. 커다란 밀폐 용기에 쌀식초, 물, 꿀, 황설탕, 소금, 통후추, 무를 넣고 최소 30분간 냉장 보관한다.
1. 오이와 당근도 같은 방법으로 절인다. 피클은 냉장 보관 시 약 1주일 동안 신선하게 보관할 수 있다.

퀴노아 샐러드 만들기
1. 중간 크기 냄비에 퀴노아, 채소 육수, 소금을 넣고 중강불에 올린다. 끓기 시작하면 중약불로 내리고 뚜껑을 덮고 15분간 끓인다. 불에서 내리고 5분간 뜸을 들인다.
2. 퀴노아를 비금속 믹싱볼에 옮긴다. 검은깨, 파, 고수, 쌀 식초, 올리브유를 넣고 섞는다.

참치 포케 만들기
1. 중간 크기 밀폐 용기에 간장, 유자즙, 백미소, 참기름, 쌀식초, 라임 제스트를 넣고 잘 섞는다. 참치를 넣어 버무린 후 냉장고에서 30분에서 1시간 정도 숙성시킨다.

완성하기
1. 4개의 그릇에 김을 올리고 퀴노아 샐러드를 골고루 나누어 담는다. 각 그릇에 참치, 아보카도, 절인 채소를 골고루 얹는다.

오키쉬 핫도그

이 요리는 제게 매우 특별한 의미가 있습니다. 이 요리로 발라고그를 설득해, 그가 저를 제자로 받아들이게 했기 때문입니다. 빵 사이에 소시지를 넣는 게 새로운 발명은 아니지만, 이 레시피에는 제 취향을 듬뿍 담았습니다. 독특한 풍미를 위해 보그-아이언 에일을 사용했고, 산뜻한 맛을 더하고자 리크와 펜넬을 추가했습니다.

발라고그는 이 요리를 '단순함의 가면을 쓴 복잡한 맛의 교향곡'이라고 표현했습니다. 그의 말이 아직도 제 귓가에 생생합니다. 이 요리를 만들 때마다, 저는 항상 발라고그를 떠올리며 미소 짓곤 한답니다.

난이도
준비 시간: 30분
조리 시간: 1시간 30분
양: 4인분
식이 정보: 데어리 프리
종족: 오시머
필요 요리도구: 지름 25cm 크기 주물팬

양배추 볶음
- 올리브유 1큰술
- 양파 ½개, 얇게 썰어서
- 펜넬 구근 1개, 얇게 썰어서
- 리크 2대, 하얀 부분만 사용, 얇게 썰어서
- 코셔 소금
- 흑후추 가루
- 중간 크기 적양배추 ½개, 심을 제거하고 잘게 썰어서
- 애플사이다비네거 2큰술
- 흑설탕 1큰술
- 꿀 1큰술
- 캐러웨이 씨드 2작은술
- 물 ½컵

브라트부르스트
- 브라트부르스트 소시지 4개
- 올리브유 1큰술, 필요한 경우를 대비해 조금 더 준비
- 양파 2개, 얇게 썰어서
- 흑설탕 1큰술
- 펜넬 씨드 1큰술
- 흑맥주 350mL

완성하기
- 핫도그빵 4개
- 머스타드 소스

양배추 볶음 만들기
1. 깊고 넓은 냄비에 올리브유를 두르고 중강불에 올린다. 양파, 펜넬, 리크를 넣고 8분간 부드러워질 때까지 볶는다. 소금, 후추로 간한다.
2. 양배추를 넣고 5분간 더 볶는다. 애플사이다비네거, 흑설탕, 꿀, 캐러웨이 씨드, 물을 넣고 중약불에 올린다. 끓기 시작하면 약불로 내리고 뚜껑을 덮고 25~30분간 양배추가 부드러워질 때까지 끓인다. 간을 맞추고 뚜껑을 덮어 따뜻하게 유지한다.

브라트부르스트 만들기
1. 주물팬에 올리브유를 두르고 중강불에 올린다. 브라트부르스트 소시지를 넣고 모든 면이 먹음직스러운 갈색이 될 때까지 굽는다. 구운 소시지는 꺼내 접시에 담아둔다.
2. 주물팬에 올리브유를 더 두르고 양파가 먹음직스러운 갈색이 될 때까지 15~20분간 볶는다.
3. 흑설탕과 펜넬 씨드를 넣고 잘 섞는다. 맥주와 구워 두었던 소시지를 넣는다. 맥주가 끓기 시작하면 불을 약불로 내리고 20~25분간 졸여준다.

완성하기
1. 브라트부르스트 소시지를 빵 사이에 끼운다. 소시지 위에 머스타드와 양배추를 얹어 완성한다.

공작 콩피

이 요리는 아마도 이 모음집에서 가장 오랜 역사를 자랑할 것입니다. 이 요리를 맛볼 때마다 그 유구한 역사에 감탄하게 됩니다. 수많은 세대를 거쳐 전해진 이 레시피의 여정을 생각하면, 경이롭다는 생각마저 듭니다. 알트머들의 꼼꼼한 기록 덕분에 이 요리가 수백 년 전부터 중요한 의식과 잔치에 빠지지 않고 등장했다는 사실을 알 수 있습니다.

천천히 정성껏 조리한 육즙 가득한 고기가 입안에서 녹아내릴 때면, 오랜 세월의 맛이 혀끝에서 살아나는 듯합니다. 우리가 먹는 모든 음식에는 단순히 먹는다는 것 이상의 의미가 담겨 있습니다. 그 안에는 문화와 전통, 선조들의 지혜가 고스란히 녹아있죠.

알트머의 역사가 깃든 이 요리를 맛볼 때면, 저는 그들의 유산을 함께 나누고 있다는 특별한 감흥을 느낍니다. 이것은 단순한 식사를 넘어, 시간을 초월한 문화적 여행과도 같습니다.

난이도
준비 시간: 1시간
숙성 시간: 12시간
조리 시간: 3시간 15분
양: 4인분
식이 정보: 데어리 프리, 글루텐 프리
종족: 알트머
필요 요리도구: 지름 25cm 크기 더치오븐과 뚜껑

코셔 소금 ⅓컵
월계수잎 2개
건조 타임 1큰술
말린 로즈마리 2작은술
말린 세이지 1작은술
마늘 8알, 잘게 다져서
오리 다리 4개
오리 기름 2~5컵
흑후추 가루

1. 작은 믹싱볼에 소금, 타임, 로즈마리, 세이지, 마늘, 월계수잎을 넣고 섞어 양념을 만든다. 월계수잎은 가볍게 부셔서 넣는 것이 좋다. 오리 다리에 양념을 문질러 바르고 베이킹 시트에 올린다. 덮개를 덮지 않고 하룻밤 동안 냉장고에서 수분을 날려준다.
2. 다음 날, 오븐을 110℃로 예열한다. 오리 다리의 양념을 씻어내고 물기를 제거한다.
3. 중간 크기 프라이팬에서 오리 기름을 녹인다. 오리 다리를 더치오븐에 겹치지 않도록 담는다. 프라이팬에서 녹인 오리 기름을 오리 다리가 완전히 잠길 정도로 부어준다. 더치 오븐의 뚜껑을 덮고 오븐에 넣는다. 오리가 부드러워질 때까지 약 3시간 동안 저온 조리한다.
4. 오븐에서 꺼내 실온으로 식힌다. 프라이팬을 중불에 올린다. 오리 다리에 후추를 넉넉히 뿌린다. 오리 다리의 껍질 부분이 아래로 가도록 올려놓고 껍질이 바삭해질 때까지 6분간 굽는다. 뒤집어서 3~5분 더 굽는다. 좋아하는 녹색 채소나 감자를 곁들여 먹으면 좋다.
5. 당일 먹지 않을 경우, 오리 다리를 밀폐 용기에 넣고 오리 기름으로 완전히 덮는다. 냉장 보관 시 최대 3일 동안 신선하게 보관할 수 있다.

구운 농어

웨이레스트와 사타칼람 사이를 항해하던 중, 제가 탄 배가 수상한 해적선의 습격을 받았습니다. 해적들은 돈이 될 만한 것들을 찾아 배를 뒤지기 시작했고, 분위기는 순식간에 험악해졌습니다. 모두가 긴장한 채 다음 상황을 초조하게 기다리고 있을 때, 한 해적이 제게 다가왔습니다. 그녀의 날카로운 시선에 온몸에 소름이 돋았지만, 뜻밖에도 그녀는 제가 요리 중이던 신선한 농어에 관심을 보였습니다. 그녀는 한 입 맛보더니 얼굴을 찌푸리며 말했습니다. "이건 뭐, 물에 빠진 장화 맛도 아니고... 진짜 농어 요리라면 레몬, 마늘, 파슬리를 배 속에 채박아 넣어야 제 맛이지!

다행히도, 그녀가 말한 재료들이 주방에 있었고, 저는 서둘러 재료들을 가져왔습니다. 점점 모여드는 해적들 앞에서 세 번이나 농어를 구웠습니다. 그들의 굶주린 눈빛은 마치 몇 주간 해초류만 씹어 먹은 사람들 같았습니다. 커다란 농어를 네 마리나 해치우고 나서야 해적들은 배를 두드리며 만족해했고, 우리 배를 거의 약탈하지 않고 떠났습니다.

다행히 아무도 다치지 않았지만, 배의 식량 창고에 있던 농어는 온데간데없이 사라졌습니다. 우리는 다음 보급항에 도착할 때까지 농어 요리를 그리워하며 항해를 계속해야 했답니다.

난이도: ◆◆◇◇◇
준비 시간: 30분
조리 시간: 30분
양: 4인분
식이 정보: 데어리 프리, 글루텐 프리
종족: 레드가드

- 올리브유 ¼컵
- 하리사 2큰술
- 자타르* 2큰술
- 유럽 농어(브란지노) 4마리, 지느러미, 비늘, 내장을 손질해서
- 레몬 2개, 얇게 썰어서, 곁들여 먹을 레몬 웨지도 더 준비
- 마늘 4알, 얇게 썰어서
- 셀러리 한줌, 스터핑용
- 코셔 소금
- 흑후추 가루

*자타르: 중동 지역에서 흔히 사용하는 향신료 조합. 주로 타임, 오레가노, 마조람, 볶은 참깨, 소금으로 구성되어 있다. 빵에 올려 먹거나 요리에 첨가하여 풍미를 더하는 데 사용된다.

1. 오븐을 220°C로 예열한다. 소금과 후추로 농어 안팎을 넉넉히 간한다.
2. 작은 믹싱볼에 올리브유, 하리사, 자타르를 섞어 양념을 만든다. 농어 껍질에 칼집을 넣고 양념을 골고루 바른다. 각 농어 속에 얇게 썬 레몬 슬라이스, 으깬 마늘, 잘게 다진 파슬리를 채워 넣는다.
3. 베이킹 시트 위에 식힘망을 올리고 그 위에 준비한 농어를 올린다. 오븐에 넣고 10분 동안 굽는다. 오븐 장갑을 끼고 조심스럽게 농어를 뒤집고 15분 더 구워 완전히 익힌다. 오븐 온도를 250°C로 올리고 껍질이 바삭해지도록 2분 정도 더 굽는다. 농어를 꺼내 5분간 식힌 후, 레몬즙을 취향껏 뿌려 먹는다.

마늘과 후추를 곁들인 사슴고기 볶음

지금까지 저는 녹색 조약에 대해 원래부터 잘 알았던 척했지만, 사실 저도 크바치에서 한 사건을 경험하기 전까지는 그것에 대해 들어본 적도 없었습니다.

여행 중반쯤, 크바치의 '여덟 가지 축복' 여관 주인과 친분이 생겨 제가 저녁을 요리하는 조건으로 저렴하게 장기 투숙을 하게 되었습니다. 어느 날 저녁, 셀실이라는 젊은 보스머가 제 요리에 손도 대지 않고 돌려보냈습니다. 이틀 연속 같은 일이 반복되자, 저는 결국 상처받은 자존심을 뒤로 하고 그 이유를 물었습니다. 셀실은 친절하게 많은 보스머들이 따르고 있는 녹색 조약과 그 이유에 대해 설명해 주었습니다. 그녀의 말에 따르면, 이 조약 때문에 그들은 제가 요리에 사용한 피망, 양파, 파와 같은 채소를 먹을 수 없다고 했습니다. 그제서야 저는 제 요리가 거절당한 진짜 이유를 깨달았고, 문화적 차이에 대한 이해의 폭이 넓어졌음을 느꼈습니다.

제 무지함에 충격을 받아 즉시 채소를 뺀 요리를 새로 만들어 주었고, 다행히 셀실은 만족했습니다. 하지만 이 레시피에는 원래 레시피대로 채소를 포함시켰습니다. 녹색 조약에 묶이지 않은 사람들은 신선한 채소들을 충분히 즐길 수 있을 테니까요.

난이도
준비 시간: 1시간
숙성 시간: 12시간
조리 시간: 20분
양: 4인분
식이 정보: 데어리 프리
종족: 보스머

양념
간장 ¼컵
피시 소스 1작은술
우스터 소스 1작은술
청주 2큰술
꿀 1큰술
흑후추 1작은술
사슴 고기 900g, 썰어서

소스
간장 ¼컵
맛술 ¼컵
고춧가루 ¼작은술
옥수수전분 2큰술

사슴고기 볶음
마늘 10알, 다져서
생강 2큰술, 다져서
쪽파 4대, 흰 부분과 연두색 부분만 사용, 다져서
노란색 파프리카 1개, 잘라서
주황색 파프리카 1개, 잘라서
양파 2개, 잘라서
땅콩기름
쌀밥, 곁들임용

1. 작은 믹싱볼에 간장, 피시 소스, 우스터 소스, 청주, 꿀, 후춧가루를 섞어 양념을 만든다. 커다란 밀폐 용기에 사슴고기를 넣고 양념을 부어 골고루 섞은 뒤 냉장고 넣고 밤새 재운다. 조리 1시간 전에 냉장고에서 꺼내 냉기를 빼준다.
2. 작은 믹싱볼에 간장, 맛술, 고춧가루, 전분을 섞어 소스를 만든다. 잠시 옆으로 치워 둔다.
3. 웍을 강불에 2~3분간 예열한다. 땅콩기름을 두르고 양념한 사슴고기 반을 겹치지 않게 펼쳐 넣어 표면이 먹음직스러운 갈색이 될 때까지 볶는다. 고기를 한쪽으로 밀어내고 기름을 더 두른 뒤, 나머지 반도 반복해서 볶는다.
4. 모든 고기를 꺼내고 웍의 기름을 대부분 덜어낸다. 다진 마늘, 생강, 파를 넣고 숨이 죽을 때까지 30초간 볶는다. 채 썬 피망과 양파의 반을 넣고 숨이 살짝 죽을 정도로 5~6분 볶는다. 나머지 피망과 양파도 같은 과정을 반복한다.
5. 모든 채소가 볶아지면 앞서 볶았던 고기와 채소를 웍에 한꺼번에 넣는다. 센 불에서 재빨리 볶으며 소스를 넣고 살짝 걸쭉해질 때까지 볶는다. 그릇에 따뜻한 밥을 담고 그 위에 뜨거운 사슴고기 볶음을 얹어 식기 전에 먹는다.

꿩 구이

이 요리엔 특별한 역사적 의미는 없지만, 두 가지 이유로 이 모음집에 꼭 포함하고 싶었습니다. 첫째, 꿩 구이는 화이트런 전역에서 사랑받는 음식입니다. 손님을 대접할 때 언제나 훌륭한 메인 요리로 내놓을 수 있습니다.

둘째, 거의 모든 화이트런의 식당이 꿩 구이를 자랑하지만, 대부분 너무 익혀서 내놓는다는 점이 안타까웠습니다. 육즙이 모두 빠져나가 바짝 말라버린 꿩고기를 계속 먹는 것은 정말 우울한 경험이었죠.

이 레시피를 그대로 따르기만 한다면, 위와 같은 실망스러운 결과는 피하고 촉촉하고 맛있는 꿩 구이를 즐길 수 있을 겁니다.

난이도
준비 시간: 1시간
숙성 시간: 18시간
조리 시간: 50분
양: 2인분
식이 정보: 데어리 프리
종족: 노드

꿩 1마리
코셔 소금
오렌지 1개, 4등분해서
건조 타임 1큰술
말린 세이지 2작은술
말린 로즈마리 1큰술
유콘 골드 감자 900g, 4등분 해서
펜넬 구근 2개, 잘라서
샬롯 4개, 잘라서
무지개 당근 4개, 껍질을 벗기고 2.5cm 크기로 깍둑썰어서
올리브유 2큰술
식용유 스프레이
흑후추 가루

1. 꿩을 손질한다. 날개와 꼬리, 목 부분의 과도한 지방을 잘라내고 미처 제거되지 않은 내장이나 핏물이 있는지 확인한다.
2. 베이킹 시트에 키친타월을 깔고 그 위에 손질한 꿩을 올린다. 꿩 안팎에 소금을 넉넉히 뿌려 간한다. 덮개를 덮지 않고 하룻밤 동안 냉장고에 넣어 수분을 날려준다.
3. 냉장고에서 꿩을 꺼낸다. 키친타월을 사용하여 꿩이 숙성되는 동안 베이킹 시트에 묻었을 수 있는 액체나 핏물을 닦아낸다. 꿩 속에 오렌지를 넣는다. 꿩 전체에 타임, 세이지, 로즈마리를 발라준다.
4. 오븐을 200°C로 예열한다.
5. 커다란 믹싱볼에 감자, 펜넬, 샬롯, 당근, 올리브유를 넣고 버무린다.
6. 베이킹 시트에 알루미늄 호일을 깔고 식용유 스프레이를 뿌린다. 올리브유에 버무린 채소를 베이킹 시트로 옮기고 소금과 후추로 간한다.
7. 채소 위에 꿩을 올린다. 꿩의 내부 온도가 74°C에 도달할 때까지 40~60분 정도 굽는다. 오븐에서 꺼내 알루미늄 호일로 덮는다. 10분 동안 레스팅한 후 썰어서 내어낸다.

훈딩항 치즈 감자튀김

제가 훈딩 항구에 도착하자마자 찰티마가 다시 합류했습니다. 그녀는 이곳을 계속 '펀딩 항구'라 부르며 저를 '아주 부유한 친구들'에게 소개하고 싶어 했습니다. 찰티마가 말하는 '부유한 친구들'이 누구를 뜻하는지 너무나 잘 알았기에, 저는 슬쩍 화제를 돌려 항구의 역사 탐방을 제안했습니다. 다행히도 찰티마가 흥미를 보여 우리는 곧 항구의 유서 깊은 거리를 거닐기 시작했습니다.

레드가드 안내인이 훈딩항의 역사부터 주요 명소와 특산물까지 상세히 설명해 주었습니다. 그의 말에 따르면 훈딩항은 제1시대에 활약한 레드가드들의 영웅이자 위대한 검객 '프란다 훈딩'의 이름을 따서 지어졌다고 합니다. 탐방의 백미는 전통 시장에서 맛본 특별한 소스의 감자튀김이었습니다. 이걸 먹으면 프란다 훈딩만큼 강해진다는 재미있는 소문도 들었습니다.

하지만 투어가 끝나고도 찰티마는 계속 졸라댔고, 결국 저는 그녀의 집요한 성화에 못 이겨 달콤하고 묘한 연기가 가득한 건물로 따라 들어갔습니다. 그녀가 '부유한 친구들'을 소개하려는 순간, 방 건너편에서 누군가 소리를 지르며 험악한 욕설을 내뱉었습니다. 찰티마는 급히 저를 밖으로 밀어냈습니다. 찰티마는 이곳을 어떤 조건으로 떠났는지 잠시 잊었던 것 같습니다.

지금 돌이켜 보니, 그 치즈 맛 감자튀김이 어느 정도 효과가 있었나 봅니다. 프란다 훈딩의 전설적인 힘까지는 아니었지만, 적어도 그 상황에서 무사히 빠져나올 수 있었으니까요.

난이도:
준비 시간: 1시간
조리 시간: 5시간
양: 6인분
식이 정보: 해당 없음
종족: 레드가드
필요 요리도구: 지름 25cm 크기 더치오븐과 뚜껑

양 육수

- 양다리 2개
- 양갈비 450g
- 코셔 소금 2작은술
- 흑후추 가루 1작은술
- 카놀라유 3큰술
- 당근 1개, 거칠게 다져서
- 셀러리 줄기 2대, 거칠게 다져서
- 적양파 1개, 거칠게 다져서
- 통마늘 1개, 거칠게 다져서
- 우두머리의 사골국(99쪽) 4컵
- 물 1컵
- 월계수잎 3개
- 쿠민 2큰술
- 고수씨 1큰술
- 통 흑후추 1큰술

양 육수 만들기

1. 양다리와 양갈비에 소금과 후추를 넉넉히 뿌린다.
2. 더치오븐에 카놀라유 1큰술을 두르고 중강불에 올린다. 양다리를 넣고 모든 면이 먹음직스러운 갈색이 될 때까지 굽는다. 구워진 양다리는 꺼내 접시에 담아둔다. 카놀라유 1큰술을 더 두르고 양갈비를 넣는다. 모든 면이 먹음직스러운 갈색이 될 때까지 굽는다. 구운 양갈비 또한 꺼내 접시에 담아둔다.
3. 양다리와 양갈비를 구웠던 더치오븐에 카놀라유 1큰술을 두른다. 당근, 셀러리, 양파, 마늘을 넣고 약간 부드러워질 때까지 8분 동안 볶는다.
4. 더치오븐에 육수, 물, 월계수 잎, 쿠민 씨앗, 고수씨, 통후추, 구워둔 양다리와 양갈비를 넣는다. 뚜껑을 덮고 약불로 줄인다. 양고기가 부드러워지고 뼈가 쉽게 분리될 때까지 3~4시간 동안 끓인다.
5. 육수가 완성되면 육수는 따로 걸러내 보관한다. 양다리와 양갈비의 뼈와 지방을 제거하고 고기는 잘게 찢는다. 양고기와 육수는 냉장 보관 시 최대 3일 동안 신선하게 보관할 수 있다.

다음 페이지에서 계속...

웨지 감자

올리브유 ¼컵

자타르 1큰술

수막 1작은술

흑후추 가루 ½작은술

코셔 소금 1작은술

러셋감자(분질감자) 3개, 껍질을 벗기고 웨지나 스틱 크기로 썰어서

식용유 스프레이

그레이비소스(1인분)

무염 버터 9큰술

중력분 ¾컵

양 육수 3컵

코셔 소금

흑후추 가루

완성하기

치즈 커드 ⅓컵

감자 웨지, 토핑용

찢은 양고기, 토핑용

쪽파 1대, 깍둑썰어서

신선한 민트 잎 3장, 다져서

라브네 요거트 2큰술

참고: 현지 식료품점에서는 종종 라브네를 판매하지만, 필요한 경우 그릭 요거트로 대용할 수 있다.

웨지 감자 만들기

1. 오븐을 230℃로 예열한다. 커다란 믹싱볼에 감자, 올리브유, 자타르, 수막, 후추, 소금을 넣고 섞는다.
2. 베이킹 시트에 알루미늄 호일을 깔고 식용유 스프레이를 뿌린다. 양념한 감자를 준비해 둔 베이킹 시트에 옮겨 담고 오븐에 넣는다. 15분 동안 굽는다. 감자를 뒤집고 15분 더 굽는다. 베이킹 시트를 브로일러 아래에 놓는다. 감자가 바삭해질 때까지 4~5분 동안 굽는다.

그레이비소스 만들기

1. 냄비를 중강불에 올리고 버터를 녹인다. 버터가 녹으면 중력분을 넣고 잘 섞어준다. 육수를 조금씩 천천히 부어가며 계속해서 저어준다. 천천히 넣으면서 계속 저어주는 것이 중요하다. 끓기 시작하면 불을 약불로 줄인다. 원하는 걸쭉한 농도가 될 때까지 계속 저어준다. 마지막으로 소금과 후추로 간을 맞춘다.

완성하기

1. 커다란 그릇에 웨지 감자를 많이 담는다. 치즈 커드, 찢은 양고기, 파, 민트, 라브네 요거트를 얹는다. 마지막으로 그 위에 그레이비소스를 얹어 완성한다.

센찰 생선 카레

중간절* 기간 즈음, 찰티마와 함께 센찰에 도착했습니다. 도시에 들어서자마자, 찰티마는 "찰티마는 우르자그를 잘 알아. 시장이 우르자그를 산 채로 삼켜버릴 거야!"라고 말하며 혼자서는 절대 시장에 가지 말라고 신신당부했습니다. 그녀의 말을 어길 생각은 없었지만, 노점에서 풍겨 오는 사랑스러운 냄새를 도저히 참을 수가 없었습니다. 결국, 그녀의 충고를 무시하고 다음 날 아침 시장으로 향했습니다. 찰티마의 말에 따르면, 저를 발견했을 때 주머니는 텅 비어 있었고, 입에선 눈물이 흐르고 있더랍니다. 하지만 누군가 저를 털어간 건 아니었습니다. 제가 가진 모든 돈을 그 멋진 요리를 먹는데 다 써버린 거였습니다!

난이도
준비 시간: 30분
조리 시간: 25분
양: 4인분
식이 정보: 데어리 프리
종족: 카짓

강황 페이스트
- 노란색 파프리카 ½개
- 레몬그라스 1대, 다져서
- 고수씨 1큰술
- 쿠민 2작은술
- 시나몬 스틱 ¼개
- 통 흑후추 1작은술
- 고춧가루 1큰술
- 터메릭 2.5cm, 껍질을 벗기고 썰어서
- 생강 5cm, 껍질을 벗기고 썰어서
- 마늘 5알
- 샬롯 2개, 반으로 잘라서
- 코코넛 슈거 1큰술
- 라임즙 3큰술
- 식용유 1큰술

* **중간절**: 엘더스크롤 세계관의 역법상 6월에 해당한다.

강황 페이스트 만들기
1. 푸드 프로세서에 피망, 레몬그라스, 고수씨, 쿠민, 시나몬, 후추, 고춧가루, 강황, 생강, 마늘, 샬롯, 코코넛 설탕, 라임즙, 식용유를 넣고 곱게 갈아준다. 완성된 강황 페이스트는 밀폐 용기에 담아 냉장 보관 시 최대 1주일 동안 신선하게 보관할 수 있다.

다음 페이지에서 계속...

센찰식 카레

카놀라유 1큰술

샬롯 3개, 깍둑썰어서

새송이버섯 1개, 썰어서

브로콜리니 140g, 5cm 크기로 썰어서

채소 육수 1컵

코코넛 밀크 2컵

소금

흑후추 가루

대구 450g, 큼직하게 썰어서

피시소스 1큰술

라임 제스트 1큰술

라임 주스 2큰술

곁들임

쌀밥 2컵

고수, 토핑용

쪽파, 다져서, 토핑용

센찰식 카레 만들기

1. 중간 크기 냄비에 카놀라유를 두르고 중강불에 올린다. 샬롯과 새송이버섯을 넣는다. 버섯이 부드러워지기 시작할 때까지 5~8분 동안 볶는다. 브로콜리니를 넣고 2분 더 볶는다.
2. 강황 페이스트, 채소 육수, 코코넛 밀크를 넣는다. 끓기 시작하면 불을 중불로 줄인다.
3. 대구 전체에 소금과 후추를 넉넉히 뿌린다. 대구를 냄비에 넣고 뚜껑을 덮는다. 대구의 내부 온도가 63℃에 도달할 때까지 8분간 조리한다.
4. 불에서 내리고 피시소스, 라임 제스트, 라임즙을 넣고 섞는다.

완성하기

1. 밥을 4개의 그릇에 고르게 나누어 담는다. 카레를 얹는다. 고수, 파를 취향껏 곁들여 먹는다.

돌이빨 연회용 닭요리

이전에 언급했던 카짓 모험가들을 위해 만든 모든 카즈구르 스타일의 닭요리가 바로 이것입니다. 최초의 오시머만큼이나 유서 깊은 전통 요리죠.

최근 이 요리는 '블러드풀 여왕'이라고도 불리는 우르조가 그라-바툴이 가장 좋아하는 음식으로 유명해졌습니다. 우르조가 그라-바툴은 오시머 족장 중에서도 무시무시한 힘과 뛰어난 지도력으로 잘 알려진 인물입니다. 어머니가 그녀의 이름을 따서 제 이름을 지었을 정도였죠.

그런데 그렇게 위대한 전사의 이름을 가진 제가 요리사가 된 것이 조금 아이러니하게 느껴집니다. 하지만 이처럼 유명한 요리의 레시피를 알고 있다는 점이 자랑스럽습니다. 어쩌면 언젠가 블러드풀 여왕을 만나게 된다면, 이 요리로 그녀의 마음을 사로잡을 수 있지 않을까요?

난이도
준비 시간: 1시간
숙성 시간: 1일
조리 시간: 1시간
양: 닭 1마리
식이 정보: 데어리 프리, 글루텐 프리
종족: 오시머
필요 요리도구: 바베큐 그릴, 침니스타터, 숯, 사과나무 칩

닭 2.3kg
코셔 소금
흑후추 가루
올리브유 ¼컵
황설탕 2큰술
파프리카 가루 1큰술
마늘 8알
로즈마리 줄기 3개, 억센 부분을 제거하고 다져서

1. 닭을 뒤집어 등 쪽이 위로 오게 한다. 주방 가위로 닭의 등뼈 양옆을 따라 잘라 등뼈를 제거한다.

참고: 제거한 닭 등뼈는 육수 만들 때 사용할 수 있다.

2. 닭을 뒤집고 다리를 양옆으로 펼쳐 납작하게 만든다. 손바닥으로 가슴뼈를 세게 눌러 부러뜨린다. 이렇게 하면 닭을 펼쳐진 채로 고정할 수 있다.

3. 베이킹 시트에 식힘망을 올리고 닭의 가슴 면이 위로 오게 하여 올린다. 소금과 후추를 넉넉히 뿌린다. 냉장고에서 뚜껑을 덮지 않고 18~24시간 동안 숙성한다.

4. 다음 날, 푸드 프로세서에 올리브유, 황설탕, 파프리카 가루, 마늘, 로즈마리를 넣고 곱게 갈아 바베큐 럽을 만든다. 냉장고에서 닭을 꺼내 닭의 모든 부분에 럽을 꼼꼼히 바른다. 굽기 전에 30분 정도 실온에 두어 냉기를 빼준다.

5. 그릴을 준비한다. 숯을 침니스타터에 넣고 불을 붙인다. 숯이 하얗게 변하면 침니스타터에서 꺼내 그릴의 한쪽에 쌓아 올린다. 그 위에 사과나무 칩을 올린다. 검은 연기가 나오지 않을 때까지 칩을 태운다.

6. 그릴 위에 그릴 랙과 뚜껑을 올린다. 뚜껑의 통풍구를 반쯤 열어둔다. 그릴이 달궈질 때까지 기다린다.

7. 그릴이 충분히 달궈졌다면 닭을 숯이 없는 부분에 놓고 간접열로 굽는다. 그릴 뚜껑을 덮고 닭의 내부 온도가 74℃에 도달할 때까지 40~60분 동안 굽는다. 닭이 다 구워지면 그릴에서 꺼내 알루미늄 호일로 덮어 10분 동안 레스팅 한다. 인원수에 맞게 썰어서 제공한다.

곁들임

사과를 넣은 으깬 감자	137
애쉬랜더 황토 마쉬	139
브라빌 비트 리소토	141
길라네 마늘채소 무침	143
모닥불 필라프	145

사과를 넣은 으깬 감자

턴포인트에 사는 하사흐와 이리엘 부부로부터 편지가 도착했습니다. 편지에는 흥미로운 노트 요리 레시피가 동봉되어 있었는데, 부부는 이 요리가 그녀의 딸이 가장 좋아하는 음식이라며, 한번 만들어 보라고 권했습니다.

놀랍게도, 제가 이 요리를 아린미어에게 대접했을 때, 그는 어떠한 단점도 지적하지 않았습니다. 아린미어의 까다로운 입맛을 고려할 때, 이는 정말 놀라운 일이었죠. 아이들과 까다로운 미식가 모두에게 사랑받는 음식이라니, 이 레시피는 분명 특별한 무언가가 있는 것 같습니다.

난이도
준비 시간: 30분
조리 시간: 1시간
양: 6인분
식이 정보: 락토 오보 베지테리안
종족: 브레튼

그래니 스미스 애플 225g, 껍질을 벗기고 2.5cm 크기로 썰어서
러셋 감자(분질 감자) 900g, 껍질을 벗기고 2.5cm 크기로 썰어서
코셔 소금
무염 버터 ¼컵
크림치즈 230g
꿀 2큰술
고르곤졸라 치즈 115g
흑후추 가루

1. 오븐을 190℃로 예열한다.
2. 베이킹 시트에 유산지를 깔고 사과 조각을 올린다. 사과가 부드러워지고 황금빛 갈색이 될 때까지 30분 동안 굽는다. 도마로 옮겨 식힌 후 사과를 잘게 다진다. 잠시 옆으로 치워 둔다.
3. 커다란 냄비에 감자가 완전히 잠길 정도로 물을 붓고 소금을 약간 넣은 후 강불에 올린다. 물이 끓기 시작하면 불을 약불로 내리고 감자가 부드러워질 때까지 15~20분 동안 삶는다.
4. 감자의 물기를 제거한다. 냄비를 다시 불에 올리고 버터, 크림치즈, 꿀을 넣는다. 감자를 넣고 뭉치는 부분이 없도록 으깬다.
5. 불에서 내리고 고르곤졸라 치즈와 사과를 넣고 섞는다. 소금과 후추로 간을 맞춘다.

애쉬랜더 황토 마쉬

그레이즈랜드를 여행하던 중, 저는 초보자나 할 법한 실수로 스크립들에게 둘러싸이고 말았습니다. 얼마나 오래 마비되어 있었는지 모르겠지만, 다행히 한 쌍의 애쉬랜더가 저를 발견해 구해주었습니다. 감사의 표시로 그들에게 문슈가 주머니를 건넸는데, 그들은 잠시 주머니를 신중하게 살펴보더니 고개를 끄덕이며 받아들였습니다. 나중에야 선물을 주는 것이 애쉬랜더 문화에서 중요한 요소이면서도 꽤 복잡한 절차를 요구한다는 것을 알게 됐죠!

그들은 자신들을 자이납에 사는 잔산과 랄리미어라고 소개했습니다. 이전에도 던머를 만난 적은 있었지만 애쉬랜더와 같은 유목민은 처음이라 궁금한 점이 많았습니다. 하지만 랄리미어는 애쉬랜더들이 외부인에게 그들의 역사와 전통을 공유하는 걸 꺼린다고 했습니다. 과거에 다른 던머들이 그들의 이야기를 의도적으로 왜곡하고 악용한 일이 있었다고 합니다. 이 때문에 애쉬랜더들에 대한 오해와 편견이 퍼졌으며, 그 결과 그들은 자신들의 문화를 보호하기 위해 더욱 조심스러워졌다고 합니다.

그들의 문화에 대해 더 배울 기회를 놓쳐 아쉬웠지만, 그들의 처지를 이해할 수 있었습니다. 그럼에도 불구하고, 잔산은 친절하게 그들의 전통 음식 중 하나인 맛있는 황토 마쉬의 레시피를 공유해 주었습니다.

난이도: ▰▰▱▱▱
준비 시간: 45분
조리 시간: 1시간 30분
양: 라메킨 6개
식이 정보: 락토 오보 베지테리안
종족: 던머
필요 요리도구: 150mL 라메킨 6개

황토 마쉬
고구마 900g
올리브유 2큰술
코셔 소금 ½작은술
흑후추 가루 1작은술
흑설탕 2큰술
시나몬 가루 2작은술
생강 페이스트 1작은술
넛맥 가루 ½작은술
정향 가루 ¼작은술
꿀 2큰술
무염 버터 ½컵
세이지 2줄기

크럼블
피칸 ½컵, 다져서
호두 ½컵, 다져서
흑설탕 ½컵

1. 오븐을 220℃로 예열한다.
2. 고구마를 포크로 여러 번 찌른다. 고구마에 올리브유를 바르고 소금을 뿌린 후 알루미늄 호일로 감싼 다음 베이킹 시트에 올린다. 고구마가 부드러워질 때까지 1시간 동안 굽는다.
3. 고구마를 맨손으로 만질 수 있을 정도로 식힌다. 껍질을 벗기고 중간 크기 믹싱볼에 담아 곱게 으깬다. 후추, 흑설탕, 시나몬, 생강 페이스트, 넛맥, 정향, 꿀을 넣는다. 뭉치는 부분이 없도록 섞고 잠시 옆으로 치워 둔다.
4. 작은 코팅팬에 버터를 넣고 약불에 올린다. 세이지를 넣고 5분 동안 볶는다. 불에서 내려 세이지는 건져내고 버터는 으깬 고구마가 담긴 믹싱볼에 붓는다. 잘 섞일 때까지 저어준다. 으깬 고구마를 라메킨 6개에 나누어 담는다.
5. 오븐을 180℃로 예열한다.
6. 작은 믹싱볼에 피칸, 호두, 흑설탕을 넣고 섞어 크럼블을 만든다. 각 라메킨 위에 크럼블을 얹는다. 라메킨을 베이킹 시트에 올리고 오븐에 넣어 25분 동안 굽는다. 라메킨이 만질 수 있을 정도로 식으면 맛있게 먹는다.

브라빌 비트 리소토

이 레시피는 브라빌에 살았던, 놀라울 정도로 운이 좋았다는 여인이 개발했다고 전해집니다. 저는 이 여인의 정체와 소문의 진위, 그리고 만약 사실이라면 그녀가 어떻게 그런 행운의 명성을 얻게 되었는지 알아내려고 노력했습니다.

하지만 찾을 수 있었던 유일한 관련 정보는 광장에 그녀를 기리는 동상이 세워졌었다는 것뿐이었습니다. 그마저도 현지의 스쿠마 통제 위기 동안 파괴되었다고 합니다.

아이러니하게도 그녀의 동상은 그녀와 달리 운이 좋지 않았던 모양입니다!

난이도
준비 시간: 45분
조리 시간: 1시간 30분
양: 4인분
식이 정보: 글루텐 프리, 락토 오보 베지테리안
요리법: 임페리얼

비트 2개
닭 육수 6컵
무염 버터 3큰술
양파 1개, 깍둑 썰어서
마늘 3알, 다져서
타임 2줄기, 잎만 사용
알보리오 쌀 2컵
레드와인 ½컵
염소 치즈 115g
슈레드 파마산 치즈 85g
코셔 소금
흑후추 가루

1. 중간 크기 냄비에 비트와 닭 육수를 넣고 중강불에 올린다. 끓기 시작하면 불을 약불로 내리고 30분 동안 삶는다. 비트를 육수에서 건져내 도마로 옮기고 식힌다. 리조토를 만들 때까지 육수를 따뜻하게 유지한다.
2. 비트가 식으면 껍질을 벗기고 한입 크기로 썰어 잠시 옆으로 치워 둔다.
3. 커다란 프라이팬에 버터를 두르고 중강불에 올린다. 양파와 마늘, 타임을 넣고 부드러워질 때까지 5분간 볶는다. 알보리오 쌀을 넣고 2분간 볶는다. 쌀이 갈색으로 변하지 않도록 주의한다.
4. 레드 와인과 닭고기 육수를 반 컵씩 천천히 넣는다. 모든 육수가 쌀에 흡수될 때까지 저어준다. 쌀이 육수를 흡수했다면 다시 육수 반 컵을 넣는다. 모든 육수를 사용하고 쌀이 완전히 익을 때까지 반복한다.

참고: 이 과정은 굉장히 오래 걸릴 수 있다. 인내심을 가지고 쌀이 육수를 흡수할 수 있도록 해야 한다.

5. 비트를 넣고 잘 섞되, 장식용으로 사용할 수 있도록 몇 조각은 잠시 옆으로 치워 둔다. 불에서 내리고 염소 치즈와 파마산 치즈를 넣고 저어준다. 소금과 후추로 간을 맞춘다.
6. 리소토를 4개의 접시에 나누어 담고 남겨 둔 비트 조각을 리소토 가운데에 얹어 장식한다.

길라네 마늘채소 무침

이 맛있는 요리에는 붉은 다이아몬드 전쟁의 흥미로운 일화가 담겨 있습니다. 세포루스 1세의 승리 후에도, 해머펠에는 여전히 많은 스카이림 포로들이 남아 있었고, 이들을 먹여 살리는 것이 큰 과제였습니다. 하지만 전쟁으로 황폐해진 토지 때문에 곡물은 귀해졌고, 귀한 고기를 포로들에게 줄 수도 없어 그들은 심각한 영양실조에 시달렸습니다. 이때 길레인성의 한 레드가드 주방 일꾼이 나섰습니다. 그는 야산에서 시금치와 근대를 뜯어와 정성껏 요리해 포로들에게 먹였습니다. 덕분에 많은 포로가 살아남아 가족의 품으로 돌아갈 수 있었습니다. 단순한 요리 하나로 이렇게 많은 생명을 구했다니, 정말 놀랍지 않나요?

난이도
준비 시간: 15분
조리 시간: 10분
양: 4인분
식이 정보: 글루텐 프리, 비건
종족: 레드가드

자타르 2작은술
흑후추 가루 1작은술
코셔 소금 ½작은술
올리브유 2큰술
통마늘 1개, 다져서
케일 115g, 억센 부분을 제거하고 큼직하게 썰어서
근대 115g, 억센 부분을 제거하고 큼직하게 썰어서
시금치 230g
레몬 제스트와 즙, 레몬 1개분

1. 작은 믹싱볼에 자타르, 후추, 소금을 넣고 섞어 양념을 만든다. 커다란 코팅팬에 올리브유를 두르고 중강불에 올린다. 마늘을 넣고 밝은 갈색이 될 때까지 3분간 볶는다.
2. 케일을 넣고 뚜껑을 덮은 후 숨이 죽을 때까지 2분간 삶는다. 근대와 시금치를 넣고 뚜껑을 덮은 후 모두 숨이 죽을 때까지 3~5분 동안 삶는다. 채소들을 건져내 물기를 제거한다. 앞서 만들어 둔 양념, 레몬 제스트와 즙을 넣는다. 양념과 채소들이 잘 섞이도록 가볍게 버무려 준다.

모닥불 필라프

여행 초반, 저는 스카이림을 누비며 각 마을의 음식을 맛보곤 했습니다. 어느 추운 오후, 화이트런 홀드 변두리의 한 농장에서 이 요리를 알려준 두 사람을 만났습니다. 화이트런 태생의 노드 홀리치와, 상인단을 따라 이곳에 왔다가 정착한 카짓 도샤였죠.

그들은 넉넉한 살림은 아니었지만, 저를 따뜻하게 맞아주었습니다. 벽난로 앞에서 따뜻한 차를 마시며 이야기를 나눴고, 도샤가 스카이림에서의 재미있는 모험담에 홀리치와 저는 배꼽을 잡고 웃었습니다.

저녁 시간이 되자 홀리치가 맛있는 필라프를 해주겠다고 했습니다. 도샤는 못마땅한 표정으로 말을 꺼냈습니다. "이 곰은 여기 음식이 다 똑같은 맛이라고 생각해! 고기랑 감자뿐이야. 설탕이라도 넣으면 다행이지. 점토 덩어리랑 다를 바 없어. 맞지? 우르자그, 그렇지 않아? 끔찍하다 끔찍해! 스카이림 요리는 카짓의 입맛에는 맞지 않아."

저는 도샤의 직설적인 불평에 당황스러웠지만, 홀리치는 이런 불평이 익숙한 듯 웃으며 요리를 이어나갔습니다. 완성된 필라프는 시나몬과 크랜베리가 완벽하게 조화를 이루며 은은한 달콤함을 자아냈습니다. 하지만 도샤는 여전히 설탕을 더 넣어야 한다고 우겼답니다!

난이도
준비 시간: 30분
숙성 시간: 5분
조리 시간: 45분
양: 6인분
식이 정보: 데어리 프리, 글루텐 프리
종족: 노드 / 카짓

샤프란 1꼬집
끓는 물 ¼컵
무염 버터 2큰술
양파 ½개, 다져서
마늘 3알, 다져서
코셔 소금 2작은술
말린 크랜베리 ⅓컵
카다멈 2알
시나몬 스틱 1개
닭 육수 3¾컵
바스마티 쌀 1¼컵
와일드라이스 ¼컵
피스타치오 ½컵, 거칠게 다져서
올리브유 1큰술
땅콩호박 230g, 거칠게 썰어서

1. 사프란을 컵이나 접시에 담고 끓는 물을 부어 5분 동안 우려낸다. 냄비를 중불에 올리고 버터를 녹인다. 양파를 넣고 투명해질 때까지 볶는다. 마늘을 넣고 향이 날 때까지 2분 동안 볶는다.
2. 냄비에 사프란 물, 소금, 크랜베리, 카다멈, 시나몬 스틱, 닭 육수를 넣는다. 끓기 시작하면 약불로 줄인다. 와일드라이스와 바스마티 쌀을 넣고 뚜껑을 덮은 후 쌀이 완전히 익을 때까지 약 20분 동안 밥을 짓는다. 잠시 옆으로 치워 둔다.
3. 커다란 코팅팬을 중강불에 올린다. 피스타치오를 넣고 먹음직스러운 갈색이 될 때까지 3~5분간 볶는다. 잠시 옆으로 치워 둔다. 같은 코팅팬에 올리브유를 두른다. 땅콩호박을 넣고 부드러워질 때까지 8~10분간 볶는다.
4. 앞서 지어두었던 밥을 넣고 볶은 호박과 잘 섞은 후 약 5분 동안 볶는다. 볶은 피스타치오를 넣고 섞어서 완성한다.

디저트

파그레이브 스위트롤	151
콜로비안 전쟁 토르테	155
생귄의 '벗긴 과일'	159
바나나 서프라이즈	163
기념일 케이크	165
마쉬메로우 쿠키	169
호박 치즈케이크	171
리자드푸르트 콤포트	173

디저트

찰티마를 만난 후, 저는 디저트에 대해 훨씬 더 깊은 관심을 갖게 되었습니다. 대부분의 하짓들처럼 찰티마도 달콤한 음식을 무척 좋아했고, 여행길에 필요한 간식을 충분히 확보하기 전에는 마을이나 도시를 떠나려 하지 않았습니다.

찰티마에게 디저트란 엄청난 양의 설탕이 들어간 모든 음식을 뜻했지만, 제겐 그냥 군것질거리 그 이상 그 이하도 아니었습니다. 하지만, 찰티마와 함께 다니며 쿠키, 케이크 등 다양한 디저트를 접하게 되었고, 저도 점차 디저트의 세계에 빠져들기 시작했습니다. 정교한 제과 기술로 만들어내는 아름다운 모양새와 식감, 식사를 완벽히 마무리하는 역할, 그리고 메인 요리와 조화를 이루는 새로운 디저트를 창조하는 즐거움까지... 이제 제게 디저트는 단순한 달콤한 군것질을 넘어, 또 하나의 흥미로운 요리로 자리 잡았습니다.

여행의 막바지에 찰티마의 고향 근처 도시인 코린스를 방문했습니다. 찰티마는 펠리틴의 울창한 정글과 스쿠마 무역에 얽힌 이야기들을 흥미진진하게 들려주었습니다. 또한, 현지인들이 즐겨 먹는다는 소금에 절인 쇠고기와 구운 카고티를 맛보았습니다. 제 입맛에는 절인 소고기는 다소 질겼고, 카고티는 뭔가 물컹한 식감이 느껴져 별로였습니다. 하지만 그날 제 호기심을 자극한 건 따로 있었습니다. 바로 인근 깊은 숲 속에 숨어 산다는 은둔 요리사들에 관한 이야기였습니다.

"그들은 르디라스라고 불려, 입에서 살살 녹는 마카롱을 만들어 코린테 끝자락에 내놓는다더라. 찰티마는 그 마카롱을 정말 좋아해." 찰티마의 눈이 반짝였습니다. "르디라스는 오직 최고의 요리사들에게만 비법을 전수한대, 그것도 그들만의 비밀 부엌에서 말이야." 그녀는 목소리를 낮추며 덧붙였습니다. "그런데 아무도 그들의 모습을 본 적이 없어. 이 하짓도 직접 본 적은 없어. 정말 신비롭지 않아?" 찰티마의 이야기를 들으며 제 호기심은 점점 커졌습니다.

"르디라스의 부엌이 특별하다고 했는데, 뭐가 그렇게 특별한 거야?" 제가 물었습니다.

찰티마는 신비로운 미소를 지으며 대답했습니다. "글쎄, 소문으로는 르디라스의 부엌은 숲 한가운데에 있대, 거기선 달사탕수수즙처럼 달콤한 시냇물에 재료를 씻는다더라" 그녀의 목소리에 흥분이 묻어났습니다. "심지어 달사탕수수 줄기로 불을 지펴 요리한대, 그래서 음식 맛이 더 달콤해진다나 봐." 잠시 생각에 잠긴 듯 찰티마가 덧붙였습니다. "이 몸이 생각하기엔 거기에 마법이 조금 작용하는 것 같아. 그렇지 않고서야 어떻게 그런 맛이 나겠어?"

저는 마법의 부엌 이야기에 완전히 매료되었습니다. 르디라스를 당장에라도 찾아가 부엌을 사용해도 되는지 물어보고 싶은 충동이 일었지만, 그 욕망을 억누르려 안간힘을 썼습니다. 저 스스로에게

단호하게 말했습니다. "넌 아직 최고 수준의 요리사가 아니야. 설사 물어본다 해도 허락받을 수 없을 거야." 스스로 다짐했습니다.

하지만 그 생각은 코린테를 떠나기로 한 아침까지 머릿속을 맴돌았습니다. 출발을 오후로 미뤘습니다. 코린테 전통 라구를 한 번 더 맛보고 싶다는 핑계였습니다. 그러다 또다시 저녁으로 미루었습니다. 펠레틴의 별빛을 더 감상하고 싶다며 말입니다. 제 행동이 이상해지자 찰티마가 의아한 눈치를 보이기 시작했습니다.

"왜 이렇게 꾸물거리는 거야? 이 몸은 다 알 수 있다고!"

결국, 르디라스의 부엌에서 요리하고 싶다는 제 마음을 찰티마에게 털어 놓았습니다.

그녀는 놀란 눈으로 저를 바라보며 말했습니다. "우르자그! 넌 이미 최고의 요리사야! 마법의 부엌을 원한다면, 그냥 가서 부탁해 보라고!"

저는 눈을 동그랗게 뜨고 그녀를 쳐다보았습니다. 사실, 저는 여전히 저를 초보 요리사로만 생각하고 있었거든요. 최근의 성과들도 그저 운이나 주변의 도움 덕분이라고만 생각했죠. 하지만 찰티마의 말을 곱씹어보니 무언가 깨달음이 스쳐 지나갔습니다. 탑리엘을 여행하며 익힌 각지의 요리들, 스킨그라드 요리 대회 우승, 블랙리치에서의 희귀 식재료 채집, 제 음식으로 되살린 마을의 활기, 새피아크 대학 요리예술가들과의 교류... 이 모든 것이 결코 쉽게 얻을 수 없는 경험이었죠. 찰티마의 말이 맞았습니다. 제가 걸어온 여행을 되짚어보니, 얼마나 성장했는지 비로소 깨달았습니다.

아침 해가 떠오르기 전, 저는 깊은 숲 속으로 들어가 르디라스의 부엌에서 마카롱을 한가득 만들었습니다. 소문대로 그들은 부엌의 비밀을 지키겠다는 맹세를 요구했고, 그곳은 정말 찰티마의 말처럼 마법 그 자체였습니다. 놀라운 부엌도 인상적이었지만, 새로운 성취감에 젖어 모든 것이 더욱 특별하게 느껴졌습니다. 제가 만든 마카롱은 찰티마의 입맛에는 단맛이 부족할지 모르지만, 저에겐 무척이나 달콤했습니다. 그 작은 마카롱에는 제가 걸어온 여행, 쌓아온 경험, 그리고 미래에 대한 꿈과 희망이 모두 담겨 있었으니까요.

파그레이브 스위트롤

임페리얼 시티에서 나나시엔 게블라라는 독특한 브레톤 여성에게 요리를 배웠습니다. 그녀는 자신을 '나나'라고 불러달라고 고집했습니다. 이웃들 대부분은 그녀를 정신이 이상한 위험한 사람 취급하며 피했지만, 저는 왠지 모르게 그녀에게 끌렸습니다.

나나는 완벽한 올빼미족이었습니다. 늦은 밤 그녀의 부엌에 가면 아침을 먹고 있는 모습을 볼 수 있었죠. 그녀에게 요리를 배우면서 저는 이웃들의 태도를 조금은 이해하게 되었습니다. 그녀의 요리 방법은 요리라기보다는 연금술에 가까웠고, 가끔은 폭발하기도 했거든요.

그 중 가장 특이한 음식은 푸른스름한 빛이 나는 스위트롤이었습니다. 그녀는 그것이 '오래된 가문의 레시피'라고 말했습니다. 레시피를 설명하며 나나는 자신의 특별한 가족사를 들려주었습니다. 그녀의 어머니가 어린 시절 데이드라와 사랑에 빠졌고, 그 결과로 나나가 태어났다고 합니다. 어린 시절을 파그레이브 영역*에서 보냈다는 나나는 아버지에게서 이 레시피를 배웠다고 했습니다. 그리고 스위트롤의 색과 닮은 환상적인 하늘 아래에서 아버지와 함께 빵을 굽던 따뜻한 추억을 이야기해 주었습니다. 하지만 당시에 저는 그 이야기를 어디까지 믿어야 할지 확신이 서지 않았습니다.

1년 후, 나나를 다시 찾아갔을 때 그녀의 집은 텅 비어 있었습니다. 임페리얼 시티 어디를 둘러봐도 그녀의 흔적을 찾을 수 없었습니다. 마치 밤사이 증발해버린 것만 같았죠. 이웃들은 이상한 여자가 마침내 떠났다며 안도하는 눈치였지만, 저는 그녀가 신비로운 고향으로 돌아갔다고 믿고 있습니다.

난이도
준비 시간: 1시간
숙성 시간: 20~26시간
조리 시간: 25분
양: 스위트롤 8개
식이 정보: 락토 오보 베지테리안
종족: 데이드라
필요 요리도구: 반죽기가 장착된 스탠드 믹서(강력 추천), 지름 10cm 크기 둥근 쉬폰틀 8개

스위트롤
강력분 2¾컵, 덧가루용으로 조금 더 준비
설탕 ¼컵
액티브 드라이 이스트 1큰술
코셔 소금 1작은술
시나몬 가루 2작은술
카다멈 가루 1작은술
넛맥 가루 1작은술
생강가루 ½작은술
올스파이스 가루 ¼작은술
달걀 3개, 상온으로
달걀노른자 1개, 상온으로
우유 ¼컵, 상온으로
무염 버터 12큰술, 상온으로
식용유

스위트롤 만들기
1. 반죽기가 달린 스탠드 믹서에 강력분, 설탕, 이스트, 소금, 시나몬, 카다멈, 넛맥, 생강, 올스파이스를 넣는다. 별도의 믹싱볼에 달걀, 달걀노른자, 우유를 넣고 섞는다. 달걀물을 스탠드 믹서에 붓고 저속으로 5~8분간 간단히 반죽한다.
2. 버터 1큰술을 스탠드 믹서에 넣고 2~3분간 잘 섞일 때까지 반죽한다. 준비된 버터를 모두 넣을 때까지 이 과정을 반복한다.

참고: 버터를 조금씩 천천히 넣는 것이 중요하다. 한 번에 많이 넣으면 반죽이 잘 뭉쳐지지 않는다.

3. 스탠드 믹서의 속도를 중속으로 높이고 반죽이 매끈한 공 모양이 될 때까지 10분간 반죽한다. 반죽을 살짝 당겼을 때 반죽이 찢어지지 않으면 충분히 반죽이 된 것이다.
4. 덧가루를 뿌린 작업대로 반죽을 옮겨 공 모양으로 만든다. 식용유를 바른 믹싱볼에 반죽을 넣고 비닐랩을 씌운다. 반죽이 2배로 부풀 때까지 90분간 실온에서 발효시킨 후, 냉장실로 옮겨 18~24시간 동안 숙성한다.

다음 페이지에서 계속...

프로스팅

슈가파우더 2컵
코셔 소금 ⅛작은술
바닐라 익스트랙 1작은술
생크림 ½컵
식용 반짝이 ⅛작은술
파란색 식용색소 5방울

*** 파그레이브 영역:** 오블리비언의 차원 중 하나로, 데이드릭 프린스들과 필멸자들이 공존하며 평범한 일상을 보내는 중립적인 지역이다.

1. 쉬폰틀 안쪽에 버터를 발라 준비한다. 가볍게 덧가루를 뿌린 작업대로 반죽을 옮긴다. 반죽을 누르고 살짝 치댄다. 8등분으로 나누어 공 모양으로 만든다.
2. 반죽 하나를 꺼내 가운데를 손가락으로 눌러 도넛 모양으로 만든다. 준비한 쉬폰틀 중 하나에 넣는다. 반죽이 틀 바닥에 닿도록 살짝 누른다. 남은 반죽도 이 과정을 반복한다.
3. 베이킹 시트에 쉬폰틀을 올리고 키친타월로 덮는다. 반죽이 2배 크기로 부풀 때까지 2시간 동안 발효시킨다.
4. 오븐을 180℃로 예열한다. 키친타월을 제거하고 황금빛으로 구워질 때까지 20~25분 동안 굽는다.
5. 스위트롤을 틀에서 꺼내 식힘망에서 식힌다.

프로스팅으로 장식하기

1. 작은 믹싱볼에 슈가파우더, 소금, 바닐라, 생크림, 식용 반짝이, 식용색소를 넣고 뭉치는 부분이 없도록 저어준다.
2. 스위트롤이 완전히 식으면 롤의 윗부분을 준비한 프로스팅에 담갔다 빼서 장식한다.

참고: 스위트롤은 밀폐 용기에 담아 실온 보관 시 최대 3일 동안 신선하게 보관할 수 있다.

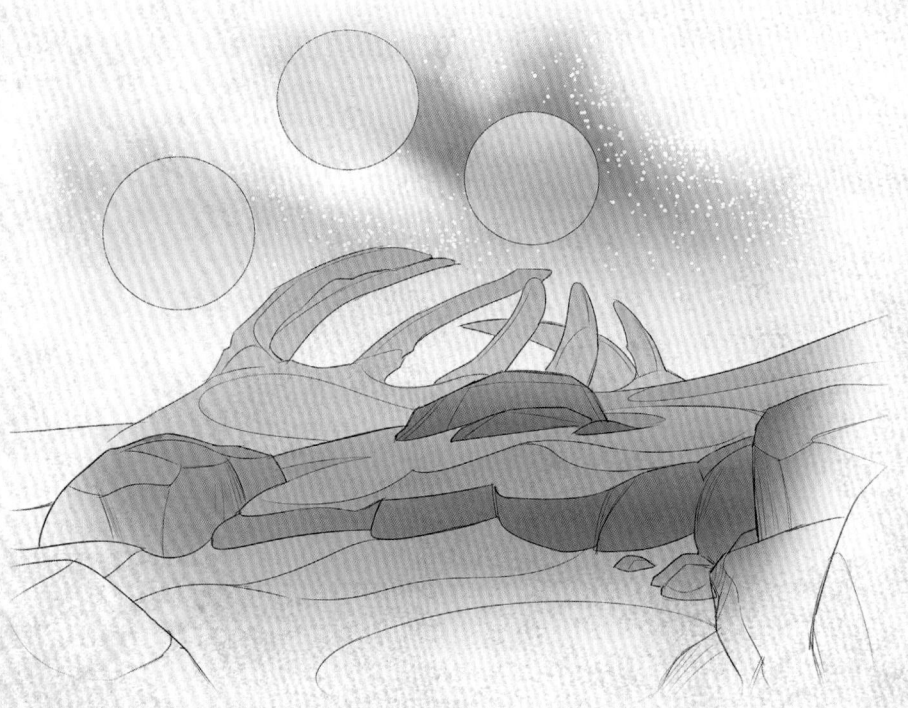

콜로비안 전쟁 토르테

제국군 병사들은 전쟁터에서 이 토르테를 나누며 우정을 다졌다고 합니다. 콜로비안 고원의 한 노병에게 이 레시피를 배웠지만, 그 진정한 가치를 깨달은 건 스카이림 서부를 여행하던 중이었습니다. 어느 눈 내리는 저녁, 저는 난관에 부딪혔습니다.. 가장 가까운 마을조차 아득히 멀었고, 날씨는 시시각각 나빠지고 있었습니다. 거센 눈보라를 피해 근처 동굴로 들어갔는데, 이미 두 명의 다른 모험가들이 그곳에 피신해 있었습니다. 우리 모두 추위에 지치고 낯선 분위기 속에서 서로를 경계하고 있었죠. 그때 문득 제 배낭에 토르테 재료가 있다는 것이 생각났습니다. 얼어붙은 손을 녹여가며 토르테를 만들기 시작했고, 넛맥과 오렌지의 향기가 동굴 안을 가득 채우자 마치 마법처럼 분위기가 바뀌었습니다. 곧 우리는 오랜 친구처럼 서로 웃고 이야기하며 밤을 지새웠습니다. 간단한 음식 하나가 낯선 이들을 하룻밤 사이 친구로 만들 수 있다니, 놀랍지 않나요? 이것이 바로 제가 요리의 힘을 믿는 이유입니다.

난이도
준비 시간: 1시간
숙성 시간: 2시간
조리 시간: 40분
양: 케이크 1개
식이 정보: 락토 오보 베지테리언
종족: 임페리얼
필요 요리도구: 케이크틀

케이크 시트
식용유
중력분 2컵
베이킹파우더 2작은술
베이킹 소다 1작은술
시나몬 가루 2작은술
생강가루 1작은술
넛맥 가루 ½작은술
코셔 소금 ½작은술
당근 285g, 얇게 채 썰어서
오렌지 제스트 2개분
오렌지 주스 ¼컵
식용유 1컵
달걀 4개
그래뉴당 1컵
흑설탕 ½컵

케이크 시트 만들기
1. 오븐을 180℃로 예열한다. 지름 20cm 케이크틀 두 개에 식용유를 골고루 바른다. 각 케이크틀에 유산지를 깐다.
2. 커다란 믹싱볼에 중력분, 베이킹파우더, 베이킹 소다, 시나몬 가루, 생강 가루, 넛맥가루, 소금을 넣고 섞는다. 다른 커다란 믹싱볼에 당근, 오렌지 제스트와 즙, 식용유, 달걀, 설탕, 흑설탕을 넣고 잘 섞는다.
3. 모든 재료를 한데 넣고 간단히 섞는다. 반죽을 너무 많이 섞지 않도록 주의한다.
4. 반죽을 준비한 케이크틀 두 개에 고르게 나누어 담는다. 기포를 제거하기 위해 각 케이크틀을 작업대에 살짝 두드린다. 오븐에 넣고 35~40분 동안 굽는다. 빵 한가운데를 이쑤시개로 찔렀을 때 설익은 반죽이 묻어 나오지 않는다면 잘 구워진 것이다.
5. 오븐에서 꺼내지 않고 5분 동안 식힌 후 케이크틀에서 꺼내 식힘망으로 옮긴다. 케이크에서 유산지를 제거하고 최소 1시간 동안 완전히 식힌다.

다음 페이지에서 계속...

크림치즈 프로스팅

크림치즈 455g
무염 버터 8큰술
오렌지 리큐르 2작은술
오렌지 제스트 1개분
슈가파우더 4컵

크림치즈 프로스팅 만들기

1. 커다란 믹싱볼에 크림치즈와 버터를 넣고 섞는다. 오렌지 리큐르와 제스트를 넣고 뭉치는 부분이 없도록 섞는다. 슈가파우더를 반컵씩 천천히 넣는다. 걸쭉해지고 뭉치는 부분이 없을 때까지 저어준다. 프로스팅의 ⅓을 깍지가 달린 짤주머니에 옮겨 담는다. 깍지의 모양은 취향껏 선택한다.

케이크 장식하기

1. 케이크 시트가 완전히 식으면 빵칼로 윗부분을 잘라내어 케이크 시트를 평평하게 만든다. 케이크 시트 하나를 잘라낸 면이 위로 가도록 접시에 올린다.
2. 프로스팅을 올리고 약 1cm 두께로 고르게 펴 바른다. 그 위에 다른 케이크 시트를 잘라낸 면이 아래로 가도록 올린다.
3. 남은 프로스팅으로 케이크 시트를 덮는다. 짤주머니에 담아둔 프로스팅으로 케이크 윗면과 밑면을 장식한다. 케이크를 덮개로 씌운 후 냉장고에 넣어 최소 1시간 동안 프로스팅을 단단히 굳힌다. 덮개를 씌운 상태로 냉장 보관 시 최대 4일 동안 신선하게 보관할 수 있다.

생귄의 '벗긴 과일'

카인즈그로브 부근에서 우연히 만난 용병들과 야영을 하게 되었습니다. 거칠고 무뚝뚝해 보였지만, 그들은 모닥불 곁자리를 내어주었습니다. 서로 말없이 시간을 보내던 중, 샘 궤빈이라는 젊은 남자가 야영지에 다가왔습니다. 그는 모닥불을 함께 쓸 수 있는지 물으며, 대신 가지고 있는 음식을 조금 나누겠다고 했습니다. 그의 배낭에서 포도주와 맥주가 나오자 용병들은 흔쾌히 그를 받아들였습니다.

밤이 깊어갈수록 샘의 배낭에서는 마치 마법처럼 술병이 끝없이 나왔고, 야영지는 점점 웃음소리와 노래로 활기를 띠기 시작했습니다. 술을 즐기지 않는 저는 샘의 가방에서 꺼낸 달콤한 복숭아 타르트로 만족할 수밖에 없었습니다. 밤이 더욱 깊어지자 취기 오른 용병들은 근처 술집으로 향했고, 저는 그 혼란한 틈을 타 조용히 자리를 피했습니다.

여기 있는 레시피는 그날 밤 먹었던 디저트를 최대한 비슷하게 만든 것입니다. 하지만 그때의 그 환상적인 달콤한 맛은 아직도 완벽히 재현하지 못했습니다...

난이도 〈▨▨▨▨〉
준비 시간: 1시간
숙성 시간: 1시간
조리 시간: 40분
양: 8인분
식이 정보: 락토 오보 베지테리안
종족: 데이드라
필요 요리도구: 푸드 프로세서

반죽
중력분 1½컵
설탕 1큰술
카다멈 가루 ¼작은술
넛맥 ¼작은술
코셔 소금 한 꼬집
무염버터 ½컵, 깍뚝 썬 후 차갑게 해서
아마레토 1큰술
얼음물 4~5큰술

반죽 만들기
1. 푸드 프로세서에 중력분, 설탕, 카다멈, 넛맥, 소금을 넣는다. 버터를 거친 빵가루와 같은 질감이 될 때까지 갈아준다.
2. 푸드 프로세서에 아마레토와 물 3큰술을 넣고 반죽이 뭉쳐질 때까지 갈아준다. 반죽이 너무 건조하다면 물을 조금씩 추가하며 갈아준다.
3. 푸드 프로세서에서 반죽을 꺼내 살짝 치대어 뭉친다. 비닐랩에 싸서 냉장고에 넣고 최소 1시간 동안 휴지시킨다.

다음 페이지에서 계속...

복숭아 필링

복숭아 450g, 얇게 썰어서
그래뉴당 ½컵
흑설탕 2큰술
간생강 1작은술
레몬 제스트 1작은술
레몬즙 2작은술

달걀물

달걀 1개, 풀어서
굵은 설탕 1큰술

복숭아 필링 만들기

1. 커다란 믹싱볼에 복숭아, 설탕, 흑설탕, 생강, 레몬 제스트와 즙을 넣는다. 모든 재료가 완전히 섞일때 까지 버무린다. 채반으로 옮기고 그 아래에 믹싱볼을 둔다. 최소 30분 동안 둔다.

참고: 이 단계는 과일의 과도한 수분을 제거하기 위함이다. 타르트에 들어갈 과일에 수분이 너무 많이 넣으면 타르트 밑면이 질척해질 수도 있다.

타르트 완성하기

1. 오븐을 220°C로 예열한다. 냉장고에서 반죽을 꺼내 커다란 유산지 위에 올린다. 밀대를 사용해 반죽을 지름 40cm의 원형으로 밀어 편다. 반죽을 유산지와 함께 커다란 베이킹 시트로 옮긴다.
2. 반죽 중앙에 준비한 복숭아 필링을 올린다. 이때 가장자리 5cm는 비워둔다. 비워둔 가장자리를 안쪽으로 접어 크러스트를 만들되 복숭아 필링 위로 완전히 덮지 않고 중앙은 열어둔다. 크러스트가 균일하게 보이도록 필요한 부분을 접어 정리한다.
3. 붓을 사용해 크러스트 부분에 달걀물을 골고루 바른다. 크러스트 위에 굵은 설탕을 뿌린다. 준비된 타르트를 오븐에 넣고 크러스트가 황금빛을 띨 때까지 35~40분간 굽는다.
4. 오븐에서 꺼내 베이킹 시트째로 식힘망으로 옮긴다. 최소 45분 이상 충분히 식힌 후 자른다.

바나나 서프라이즈

음유시인의 바나나빵과 마찬가지로, 이 달콤한 푸딩은 카짓 상단의 인기 요리입니다. 흥미롭게도, 상단은 바나나를 신선하게 유지하기 위해 냉동 마법을 사용한다고 합니다. 이 냉동 마법은 제2시대 림먼 메이지 길드의 마법사들에 의해 개발된 것으로 추정됩니다.

호기심에 이끌려 저도 그 마법을 시도해봤습니다만... 결과는 그야말로 '대참사'였습니다. 결국 저는 얼음과 눈을 사용하는 전통적인 방법을 선택했습니다. 때로는 익숙한 것이 가장 안전하고 효과적이니까요.

난이도
준비 시간: 45분
숙성 시간: 3시간
조리 시간: 20분
양: 4인분
식이 정보: 락토 오보 베지테리안
종족: 카짓

푸딩
우유 2½컵
백설탕 ⅓컵
코셔 소금 1작은술
둘세데레체 ⅓컵
옥수수 전분 5큰술
달걀노른자 5개
바닐라 익스트랙 2작은술
무염 버터 2큰술
바나나 3개, 썰어서

휘핑 크림
생크림 2컵, 차갑게
아마레토 2큰술
슈가파우더 ¼컵

푸딩 만들기

1. 중간 크기 냄비에 우유, 설탕, 소금을 넣고 중강불에 올린다. 끓기 직전까지 가열한다. 불에서 내려 따뜻하게 유지한다.
2. 작은 믹싱볼에 둘체 데 레체, 옥수수 전분, 달걀노른자를 넣고 뭉치는 부분이 없도록 섞는다. 앞서 만든 따뜻한 우유 ½ 컵을 달걀노른자가 담긴 믹싱볼에 휘핑하면서 천천히 옮겨 담는다. 이 과정을 두 번 반복한다.
3. 섞은 재료를 냄비에 천천히 넣는다. 가장 약한 불에 올리고 모든 재료가 걸쭉해질 때까지 쉬지 않고 저어준다.

참고: 푸딩 반죽이 걸쭉해지기 까지 10분 정도 걸린다. 팔이 아플 수도 있겠지만, 부드러운 식감의 푸딩을 위해서라면 쉬지 않고 젓는것이 좋다.

4. 푸딩 반죽이 걸쭉해지면 불에서 내린다. 바닐라 익스트랙과 버터를 넣고 버터가 완전히 녹을때까지 젓는다. 푸딩 반죽을 중간 크기 믹싱볼에 붓고 실온으로 식힌다.
5. 4개의 그릇 바닥에 앞서 썰어둔 바나나 조각 절반을 깔아준다. 각 그릇에 푸딩 절반을 나누어 담는다. 남은 바나나 조각으로 두 번째 층을 만들고 그 위에 나머지 푸딩을 얹는다. 덮개를 씌우고 냉장고에서 4시간 정도 냉장고에 넣어 굳힌다.

휘핑크림 만들기

6. 스탠드 믹서에 생크림, 아마레토, 설탕을 넣는다. 크림의 뿔이 뾰족하게 설 때까지 강속으로 휘핑한다.
7. 푸딩에 휘핑크림을 듬뿍 얹어 먹는다.

기념일 케이크

작년 비의 손길* 기간, 우연히 들른 대거폴은 축제의 열기로 가득했습니다. 거기다 유명 제빵사의 환상적인 케이크 시연 소문에 온 도시가 들썩였습니다. 저는 제빵사를 만나기 위해 동분서주했지만, 아쉽게도 직접 만날 순 없었습니다.

마침내 공개된 케이크는 그야말로 완벽 그 자체였습니다! 한 조각을 맛본 후, 저는 곧장 녹슨 요정 여관으로 돌아가 재현에 도전했죠. 이 레시피가 바로 그 노력의 결실입니다.

이 케이크는 특별한 날을 더욱 빛나게 해줄 겁니다. 여러분도 한번 도전해보시길 바랍니다. 분명 잊지 못할 추억이 될 것입니다.

난이도 ▮▮▮▯▯
준비 시간: 1시간 30분
숙성 시간: 12시간
조리 시간: 1시간
양: 케이크 1개
식이 정보: 락토 오보 베지테리안
종족: 브레튼
필요 요리도구: 케이크틀

베리 필링
- 레몬즙 1큰술
- 백설탕 3큰술
- 체리 115g
- 라즈베리 115g
- 블루베리 115g
- 블랙베리 115g
- 옥수수 전분 1큰술
- 물 1큰술

케이크 시트
- 식용유
- 박력분 3컵
- 카다멈 가루 1작은술
- 베이킹파우더 1큰술
- 코셔 소금 1작은술
- 무염 버터 1컵, 상온으로
- 설탕 1½컵
- 레몬 제스트 1큰술
- 달걀 2개
- 달걀흰자, 달걀 2개분
- 바닐라 익스트랙 1작은술
- 타히티 바닐라빈 1개, 씨앗만 발라내서
- 하프앤하프 크림 1¼컵

베리 필링 만들기
1. 케이크를 만들기 전에 중간 크기 냄비에 레몬즙과 설탕을 넣고 중불에 올린다. 끓기 시작하면 약불로 내리고 체리, 라즈베리, 블루베리, 블랙베리를 넣는다. 10분 동안 끓인다.
2. 작은 믹싱볼에 옥수수 전분과 물을 넣고 섞어 전분물을 만든다. 전분물을 냄비에 천천히 붓고 걸쭉해질 2분 정도 저어준다
3. 밀폐 용기로 옮기고 식힌다. 최소 하룻밤, 최대 1주일 동안 냉장고에서 숙성한다.

케이크 시트 만들기
1. 오븐을 180℃로 예열한다. 케이크틀 두 개에 식용유를 골고루 바른다. 각 케이크틀에 유산지를 깐다.
2. 중간 크기 믹싱볼에 마른 재료(박력분, 카다멈, 베이킹파우더, 소금)을 넣고 섞어 잠시 옆으로 치워 둔다. 커다란 믹싱볼에 버터, 설탕, 레몬 제스트, 달걀, 달걀흰자, 바닐라 익스트랙, 바닐라빈을 넣고 뭉치는 부분이 없도록 섞는다.
3. 마른 재료의 반을 달걀 혼합물이 담긴 커다란 믹싱볼에 넣고 잘 섞는다. 하프앤하프 크림을 넣고 뭉치는 부분이 없도록 섞는다. 남은 마른 재료를 넣고 가볍게 반죽한다.
4. 반죽을 준비한 케이크틀 두 개에 고르게 나누어 담는다. 기포를 제거하기 위해 각 케이크틀을 작업대에 살짝 두드린다. 오븐에 넣고 40~45분 동안 굽는다. 빵 한가운데를 이쑤시개로 찔렀을 때 설익은 반죽이 묻어 나오지 않는다면 잘 구워진 것이다.
5. 오븐에서 꺼내지 않고 5분 동안 식힌 후 케이크틀에서 꺼내 식힘망으로 옮긴다. 케이크에서 유산지를 제거하고 최소 1시간 동안 완전히 식힌다.

* 비의 손길: 엘더스크롤 세계관의 역법상 4월에 해당한다.

다음 페이지에서 계속...

휘핑 크림

생크림 3컵

바닐라 익스트랙 1작은술

슈가파우더 1컵

케이크 장식하기

생블루베리 ¼컵

생딸기 3개, 4등분 해서

참고: 타히티 바닐라 빈은 과일 향이 나는 경향이 있어 이 레시피에 이상적이지만, 필요하다면 일반 바닐라 빈을 사용해도 좋다!

휘핑 크림 만들기

1. 스탠드 믹서에 생크림, 바닐라 익스트랙, 슈가파우더를 넣는다. 크림의 뿔이 뭉툭하게 설 때까지 강속으로 휘핑한다.

케이크 장식하기

1. 케이크 시트가 완전히 식으면 빵칼로 윗부분을 잘라내어 케이크 시트를 평평하게 만든다. 케이크 시트 하나를 잘라낸 면이 위로 가도록 접시에 올린다.
2. 휘핑 크림의 ⅓ 정도를 케이크 시트 위에 얹고 고르게 펴 바른다. 그 위에 베리 필링을 한 층 올린 후 베리 필링이 덮일 정도로 휘핑크림을 바른다.

참고: 베리 필링을 올릴때 가장자리 부분은 남겨 두도록 한다. 가장자리에 너무 가깝게 올리면 옆으로 새어 나올 수도 있다.

3. 그 위에 다른 케이크 시트를 잘라낸 면이 아래로 가도록 올린다. 남은 휘핑 크림으로 케이크 시트를 덮는다. 블루베리, 딸기로 장식해서 마무리한다.
4. 케이크를 덮개로 씌운 후 냉장고에 넣어 최소 1시간 동안 휘핑 크림과 베리 필링을 단단히 굳힌다. 덮개를 씌운 상태로 냉장 보관 시 최대 3일 동안 신선하게 보관할 수 있다.

마쉬메로우 쿠키

마르카스 하부 거리를 걷다 눈에 띄는 제과점을 우연히 발견했습니다. 고대 드워머 유적 속에 자리 잡은 현대적인 제과점이라니! 정말로 기묘해 보였습니다. 호기심에 이끌려 가게에 들어서자, 젊은 던머 제빵사가 반갑게 맞이했습니다. 바덴펠 출신인 그녀는 폭발하는 레드마운틴을 닮은 케이크를 장식하고 있었습니다. 저는 아름다운 쿠키를 고르고, 제 요리 모음집에 대해 설명했습니다. 그리고 쿠키 레시피를 공유해 줄 수 있는지 덧붙였죠. 그녀는 제안을 듣고 잠시 생각하더니 한 가지 조건을 제시했습니다. 제 요리 모음집에 그녀의 이야기를 실어준다면 기꺼이 레시피를 공유하겠다고 했습니다. 흥미로운 제안이었고, 저는 기꺼이 동의했답니다!(탈릴리, 이 정도면 충분한 홍보가 되었길 바라요!).

난이도 ◆◆◇◇◇
준비 시간: 45분
숙성 시간: 24시간
조리 시간: 20분
양: 쿠키 24개
식이 정보: 락토 오보 베지테리안
종족: 던머
필요 요리도구: 믹서기, 스포이트

마쉬메로우 익스트랙
판단잎 15장
물 ¾컵

참고: 직접 만드는 것보다 판단 추출물을 구입하고 싶다면 아시아 식료품점에서 판단 추출물을 구입할 수 있다.

쿠키
마카다미아 너트 1컵
중력분 2½컵
베이킹파우더 2작은술
코셔 소금 ½작은술
무염 버터 1컵, 실온으로
백설탕 ¾컵
달걀 2개
마쉬메로우 익스트랙 1큰술
화이트 초콜릿 칩 1컵

마쉬메로우 익스트랙 만들기

1. 면포를 깐 채반을 준비한다. 믹서기에 판단 잎과 물을 넣고 곱게 갈아 판단 잎물을 만든다. 판단잎물을 면포를 깐 채반에 밭쳐 거른 후 밀폐 용기에 담는다. 판단잎 찌꺼기를 면포로 감싸 마지막 한방울까지 짜준다. 냉장고에 하룻밤 동안 숙성한다.
2. 다음 날, 판단잎물은 분리되어 아래쪽은 진한색, 위쪽은 연한 녹색이 되어 있을 것이다. 여기서 진한 부분이 마쉬메로우 익스트랙이다.
3. 연한 부분은 분리해 버리고 진한 부분만 사용한다. 스포이트를 활용하면 좋다. 마쉬메로우 익스트랙은 ¼컵 정도가 만들어질 것이다. 밀폐용기에 담아 냉장 보관 시 최대 3일간 보관할 수 있다.

쿠키 만들기

4. 오븐을 165℃로 예열한다.
5. 마카다미아 너트를 베이킹 시트에 펼쳐 황금빛이 될 때까지 15분 동안 굽는다. 넓게 펼쳐 식힌 후 잠시 옆으로 치워둔다.
6. 중간 크기 믹싱볼에 중력분, 베이킹파우더, 소금을 넣고 섞는다.
7. 커다란 믹싱볼에 버터와 설탕을 넣고 부드러워지고 뭉치는 부분이 없도록 섞는다. 달걀과 마쉬메로우 추출액을 넣고 고루 섞는다.
8. 모든 재료를 한데 넣고 반죽한다. 마지막으로 마카다미아 너트와 화이트 초콜릿 칩을 넣고 골고루 섞이도록 반죽한다.
9. 유산지를 깐 베이킹 시트에 반죽을 한 번에 2큰술씩 올린다. 살짝 눌러서 쿠키 모양으로 만든다. 모든 반죽을 사용할 때까지 반복한다. 냉장고에 넣고 1시간 동안 굳혀준다.
10. 오븐을 180℃로 예열한다. 가장자리가 약간 황금빛이 될 때까지 16~19분 동안 굽는다. 식힘망에 올려 완전히 식힌 후 내어낸다.

호박 치즈케이크

이 농진한 케이크의 기원이 제3시대라고 알려져 왔지만, 저는 훨씬 더 오래된 레시피를 발견했습니다! 놀랍게도 그 기록은 제시대 후반 시로딜 시대까지 거슬러 올라갑니다. 레만 2세가 탐리엘의 대부분을 통합한 바로 그 시기죠. 흥미롭게도, 일부 제국 문서에는 이 호박 치즈케이크 덕분에 많은 나라가 자발적으로 제국에 합류했다는 기록이 있습니다. 물론 레만 왕조의 역사 기록은 과장된 경향이 있어 이를 그대로 믿기는 어렵습니다. 하지만 이 케이크를 맛볼 때마다, 저는 그 주장이 어쩌면 사실일지도 모른다는 생각이 듭니다. 그만큼 맛이 끝내주거든요!

난이도:
준비 시간: 45분
숙성 시간: 8시간
조리 시간: 1시간 40분
양: 치즈케이크 1개
식이 정보: 락토 오보 베지테리안
종족: 임페리얼
필요 요리도구: 스탠드 믹서, 스프링폼팬

크러스트
- 진저스냅 쿠키 1½컵, 부셔서
- 시나몬 가루 1작은술
- 흑설탕 ¼컵
- 무염 버터 ¼컵, 녹여서

필링
- 크림치즈 700g
- 코셔 소금 1작은술
- 시나몬 가루 1작은술
- 카다멈 가루 1작은술
- 넛맥 가루 ½작은술
- 생강가루 ½작은술
- 올스파이스 가루 ¼작은술
- 정향 가루 ⅛작은술
- 옥수수전분 2큰술
- 그레뉴당 ½컵
- 황설탕 ½컵
- 달걀 3개
- 바닐라 페이스트 2작은술
- 호박 퓨레 450g
- 연유 400mL

크러스트 만들기
1. 오븐을 180°C로 예열한다.
2. 작은 믹싱볼에 진저스냅 쿠키 가루, 시나몬 가루, 흑설탕, 녹인 버터를 넣고 뭉쳐지는 상태가 될 때까지 섞어 반죽을 만든다.
3. 크러스트가 갈라지는 원인이 되는 직접적인 열과 물기의 유입을 방지하기 위해 스프링폼팬 바깥쪽을 알루미늄 호일 두 겹으로 감싼다. 스프링폼팬 바닥에 앞서 만들어둔 반죽을 평평하게 눌러 크러스트를 만든 후 10분 동안 오븐에서 굽는다. 완성된 크러스트는 스프링폼팬에서 분리하지 않고 그대로 식힌다. 오븐 온도를 165°C로 낮춘다.

호박 치즈케이크 만들기
1. 스탠드 믹서에 크림치즈를 넣고 부드러워질 때까지 휘핑한다. 중간중간 믹서 벽면을 긁어내면서 골고루 섞이게 한다.
2. 중간 크기 믹싱볼에 소금, 시나몬, 카다멈, 넛맥, 생강, 올스파이스, 정향, 옥수수 전분, 그레뉴당, 황설탕, 바닐라 페이스트를 넣고 잘 섞는다. 달걀을 하나씩 추가하며 잘 섞어준다. 마지막으로 호박 퓨레와 연유를 넣고 뭉치는 부분이 없도록 섞는다.
3. 크고 깊은 베이킹 시트에 스프링폼팬을 넣는다. 베이킹 시트에 물 높이가 스프링폼팬 높이의 절반 정도 올라올 때까지 뜨거운 물을 붓는다. 이 과정을 통해 케이크가 과하게 구워져서 위쪽 표면이 갈라지는 것을 방지할 수 있다.
4. 스프링폼팬의 크러스트 위에 필링을 붓는다. 주걱을 사용하여 윗면을 평평하게 다듬는다. 오븐에 넣고 케이크 내부의 온도가 68°C에 도달할 때까지 80~90분 동안 굽는다.
5. 오븐을 끈 다음, 문을 열지 않고 1시간 정도 뜸을 들인다. 오븐에서 베이킹 트레이를 꺼내고, 스프링폼팬에서 케이크를 꺼낸 다음 상온에서 식힌 다음 4시간 이상 냉장 보관한다(하룻밤 내내 냉장 보관하는 게 가장 좋다).

리자드푸르트 콤포트

레만 왕조의 악명 높은 브라졸루스 도르 황제가 주최한 '세인트 코멀리시아의 연회'에서는 수많은 요리가 선보여졌다고 합니다. 이 연회를 기록한 것으로 알려진 네빈 요리 전문가 아르돈스 젤리칸단테의 5권짜리 고문서에는 요리보다는 황제의 방탕한 일화들로 가득했습니다.

그중에서도 가장 충격적인 일화는 처남 안웬텐데와 관련된 것이었습니다. 황제는 해적에게 납치되어 거세된 불운한 처남을 조롱하려는듯 '마라의 눈'이라는 디저트를 선보였습니다. 잘린 쌀 겨단에 붉은 포도즙을 채운 이 요리는 그 비극적인 사건을 암시하는 듯했죠.

이런 황당하고 충격적인 일화들 속에서 흥미로운 사실을 하나 발견했습니다. 바로 황제가 아르고니안 요리, 특히 이 레시피를 무척 즐겼다는 사실입니다. 제가 재현한 이 요리는 원래 레시피의 부작용을 제거했습니다. 그래도 혹시 혀가 마비되는 느낌이 든다면 장미수를 살짝 뿌려보세요!

난이도: ▮▮▯
준비 시간: 30분
조리 시간: 10분
양: 4인분
식이 정보: 글루텐 프리, 락토 오보 베지테리안
종족: 아르고니안

레몬 휘핑크림
생크림 ½컵
슈가파우더 1큰술
레몬 제스트 1큰술
레몬즙 2작은술

자두 콤포트
석류 주스 ½컵
물 2큰술
그레뉴당 ½컵
황설탕 2큰술
코셔 소금 한 꼬집
시나몬 스틱 1개
카다멈 3알, 으깨서
자두 8개, 씨를 제거하고 4등분해서

레몬 휘핑크림 만들기

1. 스탠드 믹서에 생크림, 슈가파우더, 레몬 제스트, 레몬즙을 넣는다. 크림의 뿔이 뾰족하게 설 때까지 강속으로 휘핑한다. 휘핑크림이 완성되었다면 비닐랩을 씌워 냉장고에 넣고 차갑게 보관한다.

자두 콤포트 만들기

1. 중간 크기 냄비를 중강불에 올린다. 석류 주스, 물, 그레뉴당, 황설탕, 소금, 시나몬 스틱, 카다멈을 넣는다. 끓기 시작하면 중약불로 줄인다. 자두를 넣고 자두가 부드러워질 때까지 10분 동안 끓인다.
2. 그릇에 옮겨 담아 식힌다. 완전히 식으면 레몬 휘핑크림을 얹어 먹는다.

음료

블랙우드 민트차	179
부패한 블러디 마라	181
마이크의 말고리	183
진흙 넥타르	185
고대 존재의 강림	187
오르조가의 레드 프로스가	189
시직의 암브로시아	191
렐바니 차	193
샘 귀벤의 위스케	195
하이락 로즈 라이	197
타네스 커피	199
마녀어멈의 포도주	201

음료

탐리엘 역사의 중심에는 술과 음료가 자리 잡고 있습니다. 역사책을 자세히 들여다보면, 우리 땅의 운명을 바꾼 중대한 사건 중 상당수가 와인, 벌꿀주, 또는 다른 독한 술의 영향 아래 일어났다는 것을 알 수 있습니다.

데이드라와 에이드라가 즐겨 마신다는 암브로시아의 전설부터 위대한 야를 발그루프가 술에 취해 드래곤 해골에 맞서 싸우려 했던 일화까지... 에일 한 잔이 전쟁의 도화선이 되기도 하고, 술잔을 기울이며 평화 협정이 맺어진 일도 많았죠. 얼마나 많은 역사가 술잔 속에서 일렁였을까요? 술은 사람들을 극단으로 몰아가는 묘한 힘이 있습니다. 때론 영웅을 만들고, 때론 비극을 낳죠.

사실 저는 술을 그다지 좋아하지 않습니다. 어린 시절, 아버지가 드시던 흙탕물 같은 음료를 몰래 한 모금 마셨던 기억이 아직도 생생합니다. 정말 끔찍했죠. 저는 그 음료를 바로 뱉어냈고, 그 모습을 지켜보던 광부들의 웃음소리에 얼굴이 화끈거렸습니다. 제겐 역겨웠던 그 음료가 우리 부족 사람들을 시끌벅적하게 만들었습니다. 하지만 다른 오시머들과는 너무나 달랐던 저로서는 그런 모습을 보는 것조차 힘들었습니다. 여행을 떠나기 전까지 술에 대해 부정적인 인상을 갖고 있었던 것은 어쩌면 당연한 일이었습니다.

여행을 하면서도 저는 여전히 술을 많이 마시지는 않았습니다. 물론 가끔은 어색함을 덜기 위해 동료들과 술잔을 기울이기도 했고, 다양한 종류의 술을 조금씩 시도해 보기도 했습니다. 다행히도 모든 술이 아버지가 마시던 에일처럼 끔찍한 건 아니라는 사실을 깨닫게 되었습니다. 하지만 술의 세계에 대해 본격적으로 탐구하게 된 계기는 아린미어와의 만남 이후였습니다.

"칵테일은 과학이라네, 우르자그." 아린미어가 어느 날 문득 말을 꺼냈습니다. "칵테일은 마치 연금술과도 같다네. 완벽한 맛의 조화를 찾으려면 섬세한 기술과 끊임없는 연습이 필요하지. 하지만 그 경지에 다다르면, 최고의 요리를 선보였을 때처럼 황홀한 성취감을 맛볼 수 있을 걸세."

그의 눈이 반짝였습니다. "다른 술이나 음료를 만드는 것도 마찬가지일세. 자네는 분명 조주 분야에서도 재능을 발휘할 수 있을 걸세. 꼭 남을 위해서가 아니더라도, 가끔은 오직 자네를 위해 뭔가를 만들어보는 건 어떤가? 그것만으로도 큰 의미가 있을 걸세."

아린미어의 마지막 말이 제 마음 깊숙이 파고들었습니다. 수년간 요리를 하며 대륙 곳곳 사람들의 입맛을 읽어왔지만, 정작 저의 취향은 어떠했을까요? 단 한 번도 오로지 저를 위해 요리해본 적이 없다는 걸 깨달았습니다. 물론 요리의 경지에 올랐을 때의 짜릿함은 잘 알고 있었죠. 하지만 그 초점은 늘 타인을 향해 있었습니다. 다른 이들이 제 음식을 즐기는 모습만으로도 저는 만족했으니까요. 그런데 칵테일은 다른

접근이 필요할지도 모르겠다는 생각이 들었습니다. 이번에는 저 자신을 돌아보아야 할 때가 된 것 같았습니다.

여행을 이어가며 저는 제 입맛에 맞는 음료를 찾아 헤맸습니다. 꼭 술만은 아니었죠. 훌륭한 커피와 차, 과일 리큐르의 소소한 즐거움, 이색적인 음료들의 매력... 하지만 레시피 모음집을 완성할 무렵에도 저에게 완벽히 들어맞는 술은 찾지 못했습니다. 어쩌면 술은 정말 제 취향이 아닐지도 모르겠다고 생각했습니다. 하지만 상관없었습니다. 페일의 던스타에서 발라고그를 만나기 전, 마지막으로 몇 군데 주점을 더 들르기로 했습니다. 가장 먼저 찾아간 곳은 솔리튜드였습니다. 발라고그에게 요리를 배웠던 바로 그곳이었습니다. 찰티마와 아린미어에게 연락을 취했습니다. 그들은 이미 윙킹 스키버에 도착해 저를 기다리고 있다고 했습니다.

출발했던 곳으로 돌아와 오랜 친구들을 만나는 건 정말 멋진 경험이었습니다. 우리는 밤새도록 이야기를 나누고, 맛있는 음식을 먹으며 웃음꽃을 피웠습니다. 자정이 넘어 찰티마가 제게 '고대 존재의 강림'이라는 칵테일을 건넸습니다. 별다른 기대 없이 첫 모금을 마셨습니다. 첫 모금을 넘기는 순간, 달콤한 복숭아와 상큼한 오렌지 향이 입안 가득 퍼졌습니다. 두 과일의 환상적인 조합은 마치 고향의 포근함을 선사하는 듯했습니다.

마침내 제 입맛에 꼭 맞는 음료를 찾아낸 것입니다! 이는 제 여행에 황금빛 피날레를 장식하는 듯했고, 긴 방랑과 수련의 시간에 대한 값진 보상 같았습니다.

아린미어의 칵테일 관련 전문 지식, 찰티마의 절대 미각, 그리고 저의 수년간의 경험이 합쳐져 우리는 그 고대 알트머 음료의 비밀을 풀어냈습니다. 물론 끈질긴 질문에 지친 바텐더의 도움도 컸습니다.

그날 밤의 기억은 가슴 속에 맴도는 따뜻함과 부글거리는 듯한 희미한 기억 외에는 거의 떠오르지 않습니다. 칵테일을 너무 많이 마신 탓인지, 아니면 그 행복한 순간을 즐기느라 정신이 없었던 건지는 잘 모르겠지만요.

다음 날 아침, 찰티마의 짧은 작별 편지와 숙취에 신음하는 아린미어의 소리에 잠에서 깼습니다. 계단을 내려가다 문득 제 시선이 바에 머물렀습니다. 뭔가 어젯밤 그곳에서 우아하게 차려입은 나이 든 오시머와 대화를 나눈 것만 같은 기분이 들었습니다. 저는 말없이 건배를 올리고 문밖으로 나와 페일을 향해 발걸음을 옮겼습니다.

블랙우드 민트차

블랙우드의 레이야윈에서 발견된 이 음료는 멜프 시대까지 거슬러 올라가는 깊은 역사를 자랑합니다. 한때 제국의 영광을 상징하는 사치품이었던 이 차는 흥미로운 전설을 간직하고 있죠.

전설에 따르면, 위대한 영웅 펠리널 화이트스트레이크가 이 차를 즐겨 마셨다고 합니다. 그의 상징인 상아 말이 레이야윈의 문장이 되면서, 이 차 역시 지역의 명물로 자리 잡았다고 하죠. 이 소문이 사실인지는 모르겠지만, 차의 고귀한 이미지를 한층 높이는 데는 한몫했습니다.

제3시대 우리엘 셉팀 7세 시대에는 귀족들이 시원한 차를 마시며 회의하는 모습이 일상이었습니다. 하지만 시간이 흐르며 이 전통은 서서히 사라져갔습니다. 사람들이 왜 이 차를 마시지 않게 되었는지는 정확히 알 수 없습니다. 시대의 변화와 함께 유행도 변했을 수 있겠죠. 이유가 무엇이든, 저는 이 고귀한 차가 다시 사람들의 사랑을 받길 바랍니다.

난이도
준비 시간: 20분
조리 시간: 10분
숙성 시간: 12시간
양: 5인분
식이 정보: 글루텐 프리, 비건
종족: 임페리얼

아사이베리 시럽
라즈베리 115g
아사이베리 분말 1큰술
민트 1줄기
백설탕 1컵
물 1컵

차
물 5컵
아쌈 홍차 티백 4개
시나몬 스틱 1개
카다멈 3알
팔각 1알
정향 3알

아사이베리 시럽 만들기
1. 중간 크기 냄비에 라즈베리, 아사이베리 분말, 민트, 설탕, 물을 넣고 끓인다. 끓기 시작하면 약불로 내리고 라즈베리를 살짝 으깨면서 10분 동안 끓인다. 불에서 내린 후 뚜껑을 덮은 채로 45분 동안 우려낸다. 시럽을 체에 밭쳐 커다란 병에 담는다.

차 만들기
1. 커다란 냄비에 물 5컵을 붓는다. 냄비를 중강불에 올린다. 아쌈 홍차 티백, 시나몬 스틱, 카다멈, 팔각, 정향을 넣는다. 불을 고고 5분간 우려낸다. 홍차 티백만 건져내고 뚜껑을 덮은 채로 25분 더 우려낸다.
2. 체에 밭쳐 향신료들을 걸러낸다. 우려낸 차를 아사이베리 시럽이 담긴 병에 붓고 저어준다. 완전히 식을 때까지 두었다가 하룻밤 동안 냉장고에서 숙성한 후 마신다.

부패한 블러디 마라

스카이림 북부지역에서 이 음료를 처음 접했습니다. 정확히 말하자면, 냄새를 맡았다고 해야 할까요? 어느 날, 의문의 초대장 한 통이 제 손에 들어왔습니다. 보낸 이는 제가 아는 지인의 친구라고 했죠. 솔직히 말해서, 그 지인조차 잘 기억나지 않았습니다. 하지만 초대장은... 뭐랄까, 묘하게 매력적이었습니다. 위험할 수도 있다는 직감이 들었지만, 호기심을 억누르기엔 역부족이었습니다. 결국 저는 그 수상한 연회에 참석하기로 결심했습니다. 연회가 열리는 저택은 뼛속까지 스며드는 한기로 가득했고, 주인은 어딘가 수상해 보였지만 우리를 열렬히 환영했습니다. 그런데 이 음료가 나왔을 때, 그 지독한 냄새 때문에 주인 외에는 아무도 입에 대지 못했습니다. 며칠 후, 책을 읽다가 뱀파이어들의 음료에 대한 설명을 우연히 발견했는데, 그 파티에서 보았던 음료와 너무나 흡사했습니다! 등골이 오싹해지더군요. 그 저택에서 무사히 빠져나온 것에 마라께 감사했습니다. 그날 밤의 아찔했던 경험을 잊지 않기 위해 이 음료를 책에 포함시켰습니다. 하지만 이 레시피는 햇살을 좋아하는 사람들도 부담 없이 즐길 수 있도록 상당히 변형했답니다.

난이도
준비 시간: 20분
숙성 시간: 5일
양: 3잔
식이 정보: 데어리 프리, 글루텐 프리
종족: 뱀파이어
필요 요리도구: 칵테일 셰이커, 스모킹건

인퓨즈드 보드카
- 보드카 265mL
- 로즈마리 2줄기
- 핑크 페퍼콘 1큰술
- 고수씨 1작은술
- 펜넬 씨드 ½작은술

블러디 마라
- 토마토 주스 250mL
- 인퓨즈드 보드카 90mL
- 홀스레디시 1작은술, 갈아서
- 레몬즙 2작은술
- 우스터 소스 ½작은술
- 타바스코 2대시
- 피시소스 ½작은술
- 사과나무 훈연칩

가니쉬(칵테일 한잔)
- 코셔 소금 1큰술
- 흑후추 가루 1큰술
- 올리브 3알
- 게르킨오이 피클 3개
- 레몬 1개, 웨지 모양으로 4등분 해서
- 베이컨 1장, 구워서

인퓨즈드 보드카 만들기
1. 작은 밀폐 용기에 보드카, 로즈마리, 핑크 페퍼콘, 고수씨, 펜넬 씨드를 넣는다. 최소 5일 동안 냉장고에서 침출한다. 다른 밀폐 용기에 걸러 담는다. 인퓨즈드 보드카는 냉장 보관 시 최대 2주 동안 신선하게 보관할 수 있다.

블러디 마라 만들기
1. 얕은 접시에 소금과 후추를 넣고 섞는다. 레몬즙으로 커다란 유리잔의 가장자리를 문질러 준비한다. 유리잔을 소금&후추 가루에 담그고 가루가 붙을 때까지 가장자리를 돌려가며 문지른다. 나머지 잔들도 이 과정을 반복한다.

참고: 소금&후추 가루를 유리잔에 뿌려서 붙일 수도 있지만, 식탁이 지저분해질 수도 있다.

2. 칵테일 셰이커에 토마토 주스, 보드카, 홀스레디시, 레몬즙, 우스터 소스, 타바스코, 피시소스를 넣고 섞는다..
3. 스모크 건(또는 유사한 장치)에 사과나무 훈연칩을 넣고 태운 후 칵테일 셰이커에 연기를 주입한다. 셰이커에 연기가 가득 차면 뚜껑을 닫고 살짝 흔든 후 1분 동안 훈연향이 잘 입혀지도록 둔다. 뚜껑을 열고 얼음 세 개를 넣는다. 다시 뚜껑을 닫고 15초 동안 세게 흔든다.
4. 꼬치에 올리브, 피클, 레몬 웨지를 꿰어 준비한다. 앞서 준비해둔 유리잔에 얼음을 채우고 꼬치를 꽂는다. 완성된 칵테일을 스트레이너를 활용하여 유리잔에 붓는다. 마지막으로 베이컨 조각을 유리잔에 담아 제공한다.

마이크의 말꼬리

찰티마와 함께 제가 좋아할 만한 술을 찾아 여러 선술집을 돌아다녔습니다. 어느 날 밤, 한 술집에서 찰티마가 특별한 칵테일을 추천해 주었는데, 그 상큼한 맛과 깔끔한 목 넘김에 저는 푹 빠져버렸습니다! 드디어 제 취향의 술을 찾았다는 기쁨에 취해 그날 밤은 즐겁게 흘러갔습니다. 술기운 때문인지, 저도 모르게 13번째 생일에 누나가 제 목을 베어 죽일 뻔한 이야기를 해 꼬인 말투로 찰티마에게 털어놓았습니다. 그러자 찰티마가 폭소를 터뜨리며 말했습니다. "찰티마가 거짓말을 했어! 그 음료는 카짓의 꼬리보다 부드럽지. 술은 한 방울도 안 들어있어!" 나중에 알고 보니 그 음료는 거짓말쟁이로 악명 높은 카짓의 이름을 따서 지어진 것이더군요...

난이도:
준비 시간: 15분
양: 1잔
식이 정보: 글루텐 프리, 비건
종족: 카짓
필요 요리도구: 칵테일 셰이커

- 민트잎 1줄기, 가니쉬로 조금 더 준비
- 라임 슬라이스 2개, 가니쉬로 조금 더 준비
- 오이 슬라이스 3개, 가니쉬로 조금 더 준비
- 각얼음 4개
- 심플 시럽 1큰술
- **참고**: 더 달콤한 음료를 원한다면 심플 시럽을 추가로 준비한다.
- 백년초 주스 120mL
- 키와노 멜론 60mL
- 라임향 탄산수 120mL

1. 칵테일 셰이커에 민트, 라임, 오이를 넣고 으깨 섞는다. 얼음, 심플 시럽, 백년초 주스를 넣는다. 셰이커 뚜껑을 덮고 10초 동안 세게 흔든다.
2. 커다란 유리잔에 얼음 몇 개를 담고 키와노 멜론의 과육을 넣고 섞는다. 완성된 칵테일을 스트레이너를 활용하여 유리잔에 붓는다. 라임 탄산수를 붓는다. 민트잎, 오이와 라임 슬라이스로 장식한다.

진흙 넥타르

블랙 마쉬에서는 많은 시간을 보내지 못했습니다. 계속되는 반란으로 대부분의 제국 상단이 그곳을 피했기 때문이죠. 하지만 운 좋게 소울레스트를 방문할 기회가 생겼습니다. 그때의 일이 아직도 생생합니다.

레이야원 부두에 도착했을 때, 멀리서 쉰 목소리가 열정적으로 외치는 소리가 들려왔습니다. "사람들과 머(Mer)들이 이 음료에 붙인 이름은 그 가치를 제대로 반영하지 못해! 젤(Jel)로는 이걸.. (아쉽게도 저는 '젤어'라 불리는 아르고니안들의 언어를 문자로 옮길 만큼 능숙하지 않네요...)." 진흙 넥타르를 추천하는 소리였죠. 호기심에 이끌려 그 소리의 주인공에게 말을 걸었고, 그는 자신을 툰에이라고 소개했습니다. 툰에이는 아르고니안으로, 시로딜과 소울레스트를 오가는 작은 배의 선장이었습니다. 그는 주로 시로딜의 생선을 실어 나르거나 고향으로 돌아가는 아르고니안들을 태우는 일을 했습니다.

툰에이는 제가 진흙 넥타르에 관심을 보이고 블랙 마쉬 탐험을 열망하는 걸 보고 흥미로운 제안을 했습니다. 제 책에 진흙 넥타르를 소개해준다면 보답으로 소울레스트 왕복 여행을 시켜주겠다는 제안이었죠. 솔직히 말해서, 툰에이의 제안이 없었어도 이 사랑스러운 음료를 소개했을 겁니다. 순수하면서도 살짝 새콤한 이 음료는 첫 모금부터 저를 사로잡았습니다. 하지만 진짜 매력은 그 맛이 아니었죠. 소울레스트로 돌아가는 아르고니안들이 이 넥타르를 마시는 모습에서 저는 무언가를 발견했습니다. 그들의 눈에 스치는 안도감, 고향을 그리는 듯한 표정... 한 모금 한 모금에 영혼을 씻어내는 듯했습니다. 그 순간 저는 깨달았습니다. 이 음료는 단순한 음료가 아닌, 그들의 정체성과 추억을 담은 그릇이라는 걸요.

난이도: ◼◼◻◻
준비 시간: 15분
숙성 시간: 24시간
조리 시간: 15분
양: 4잔
식이 정보: 데어리 프리
종족: 아르고니안
필요 요리도구: 칵테일 셰이커

다시마 시럽
사각 다시마 5cm
물 ½컵
가쓰오부시 2큰술
설탕 ½컵
코셔 소금 ½작은술

진흙 넥타르
다시마 시럽 2~3큰술
  참고: 좀 더 달콤한 칵테일을 원한다면 다시마 시럽을 추가한다.
재패니즈 위스키 90mL
사케 90mL
라임즙 30mL
유자즙 30mL
라임 슬라이스 1개

다시마 시럽 만들기
1. 중간 크기 냄비에 다시마와 물을 넣는다. 뚜껑을 덮고 다싯물이 우러나오도록 하룻밤 동안 둔다. 냄비 뚜껑을 열고 중불에 올린다. 물이 끓기 직전에 다시마를 건져낸다. 가쓰오부시, 설탕, 소금을 넣고 15분 동안 끓인다.
2. 시럽을 고운 체에 거르고 작은 밀폐 용기에 담는다. 실온으로 식힌 후 최소 12시간에서 최대 2주 동안 냉장고에서 숙성한다.

진흙 넥타르 만들기
1. 칵테일 셰이커에 얼음, 다시마 시럽, 위스키, 사케, 라임즙, 유자즙을 넣는다. 셰이커 뚜껑을 닫고 10초 동안 세게 흔든다.
2. 하이볼 잔에 얼음 몇 개를 담아 준비한다. 완성된 칵테일을 스트레이너를 활용하여 잔에 붓는다. 라임 슬라이스로 장식한다.

고대 존재의 강림

찰티마와 아린미어와 함께 솔리튜드에서 보낸 저녁은 제게 가장 소중한 추억 중 하나입니다. 우리는 요리 모음집 완성을 축하하며 건배를 올리고, 앞으로의 계획에 대해 이야기를 나눴습니다. 찰티마는 매듭짓고 싶은 일이 있다며 훈덩항으로 돌아간다고 했고, 아린미어는 안식년의 남은 기간 동안 탐리엘을 탐험할 예정이라고 했습니다. 아린미어가 직접 말하진 않았지만, 제 모험이 그에게 영감을 줬다고 생각합니다! 저는 고향으로 돌아가 가족들을 만나고 이웃들에게 맛있는 음식을 대접하고 싶다고 했습니다.

바로 그날 밤, 저는 처음으로 고대 알트머의 레시피로 만든 이 음료를 맛보았습니다. 지금도 이걸 마시면 그날 밤의 추억이 떠오릅니다. 앞으로도 이 특별한 기억이 계속되길 바랍니다.

난이도
준비 시간: 15분
숙성 시간: 5일
양: 4~6인분
식이 정보: 글루텐 프리, 비건
종족: 알트머

복숭아-오렌지 보드카
보드카 120mL
복숭아 1개, 잘라서
오렌지 1개, 잘라서

고대 존재의 강림
복숭아-오렌지 보드카 120mL
복숭아 넥타 240mL
오렌지 주스 240mL
레몬즙 60mL
생 라즈베리 170g
살구 3개, 잘라서
복숭아 2개, 잘라서
오렌지 1개, 잘라서
모스카토 와인 750mL

복숭아-오렌지 보드카 만들기
1. 작은 밀폐 용기에 보드카, 복숭아, 오렌지를 넣는다. 냉장고에서 4일 동안 우려낸다.

고대 존재의 강림 칵테일 만들기
2. 피처에 복숭아-오렌지 보드카, 복숭아 넥타, 오렌지 주스, 레몬즙을 넣고 섞는다. 라즈베리, 살구, 복숭아, 오렌지를 넣고 부드럽게 섞는다. 뚜껑을 닫고 하룻밤 동안 냉장고에서 숙성한다.
3. 마시기 직전에 모스카토 와인을 넣고 부드럽게 섞은 후 내어낸다.

오르조가의 레드 프로스가

유명 요리사 오조르가가 연회에서 선보인 특선 음료입니다!

로스가는 산맥을 넘어가던 중, 격렬하게 다투는 세 남매와 마주쳤습니다. 그들은 친척의 결혼식에 가는 길이었는데, 레이스베리를 깜빡했다며 한바탕 소동이 벌어지고 있었죠. 이빨을 붉게 물들여 위협적으로 보이지 못할까 걱정하는 모습이었습니다. 아마도 그들 부족의 결혼식 의식에 중요한 부분인 듯했습니다.

운 좋게도 제가 이 음료를 만들고 남은 레이스베리가 있어 건네주었습니다. 그들의 반응이 어찌나 과하던지! 심지어 맏이로 보이는 브롱크는 제가 모르쿨 부족을 방문하면 여동생과 결혼시켜 주겠다고까지 했습니다(브롱크, 이 책을 읽고 있다면 말할 게 있어요. 모르쿨 부족에 방문하는건 좋지만, 굴라고아는 분명 저보다 더 좋은 남편을 찾을 수 있을 거예요!).

난이도
준비 시간: 30분
조리 시간: 30분
숙성 시간: 12시간
양: 8잔
식이 정보: 데어리 프리, 글루텐 프리, 락토 오보 베지테리안
종족: 오시머
필요 요리도구: 각테일 셰이커

콤베리 심플 시럽
설탕 ¼컵
꿀 ⅓컵
물 ⅓컵
링곤베리 55g
레드커런트 55g
레몬필, 레몬 2개분

레드 프로스가
블랙베리 30g
로즈마리 줄기 ⅓개,
　　가니쉬 용으로 1개 더 준비
각얼음 4개
콤베리 심플 시럽 30mL
진 60mL
엘더플라워 리큐르 15mL
진저비어 150mL
토닉 워터 30mL

콤베리 심플 시럽 만들기
1. 중간 크기 냄비를 중강불에 올린다. 설탕, 꿀, 물을 넣고 저어준다. 설탕이 녹으면 링곤베리, 레드커런트, 레몬필을 넣는다. 시럽이 끓기 시작하면 중약불로 내리고 25분 동안 끓인다.
2. 시럽을 작은 밀폐 용기에 걸러 담는다. 실온으로 식힌 후 최소 12시간에서 최대 2주까지 냉장고에서 숙성한다.

레드 프로스가 만들기
1. 각테일 셰이커에 블랙베리와 로즈마리를 넣고 으깨 섞는다. 얼음, 콤베리 심플 시럽, 진, 엘더플라워 리큐르를 넣는다. 셰이커의 뚜껑을 닫고 10초 동안 세게 흔든다.
2. 커다란 유리잔에 얼음 몇 개를 담아 준비한다. 완성된 각테일을 스트레이너를 활용하여 유리잔에 붓는다. 진저비어와 토닉 워터를 붓는다. 로즈마리 줄기로 장식한다.

시작의 암브로시아

시작의 암브로시아는 시작 기사단 만큼이나 오래된, 누구나 탐내는 전설적인 음료입니다! 이 칵테일의 핵심 재료인 '완벽한 여란'을 구하기가 거의 불가능해서, 오직 재능 있고 끈기 있는 주조사만이 이 음료의 진정한 모습을 재현할 수 있다고 합니다.

전설에 따르면, 제대로 만들어진 시작의 암브로시아는 한 모금만으로도 세월을 초월한 지혜를 얻게 해준다고 합니다. 물론 저는 이런 이야기를 그대로 믿지는 않지만, 이토록 오랜 세월 동안 그 명성이 이어져 온 데는 분명 이유가 있겠죠.

제가 여러분께 소개해 드릴 건 좀 더 현실에 맞게 고안한 방식입니다. 마법 같은 효과는 없을지 모르지만, 맛만큼은 원조 못지않게 일품이랍니다. 이 음료로 시작 기사들의 영광스러운 전통을 음미해 보는 건 어떨까요?

난이도
준비 시간: 15분
조리 시간: 20분
숙성 시간: 2시간
양: 4인분
식이 정보: 데어리 프리, 글루텐 프리
종족: 알트머
필요 요리도구: 칵테일 셰이커, 차망

교큐로 녹차
물 4컵
레몬그라스 1대
생강 5cm
설탕 2큰술
교큐로 녹차잎 2큰술

칵테일(1잔당)
각얼음 4개
라임즙 ½개분
피시소스 ¼작은술
교큐로 녹차 ½컵
재패니즈 위스키 ¼컵
진저비어 ½컵
라임 웨지 1개

참고: 교큐로 녹차는 겐마이차(일본식 현미 녹차)로 대체할 수 있다. 급할 때는 말차를 제외한 다른 모든 종류의 녹차를 사용해도 좋다.

교큐로 녹차 만들기

1. 중간 크기 냄비를 중강불에 올린다. 물, 레몬그라스, 생강, 설탕을 넣는다. 끓기 시작하면 약불로 내리고 15분 동안 끓인다. 불에서 내리고 물의 온도가 60℃가 될 때까지 식힌다. 레몬그라스와 생강을 건져낸다.
2. 물의 온도가 60℃가 되었다면 차 거름망에 교큐로 찻잎을 넣고 냄비에 담가 90초 동안 우려낸다. 고운 체에 걸러 피처에 붓는다. 상온에서 완전히 식힌다. 완전히 식은 녹차는 냉장고에 넣어 차갑게 보관한다.

시작의 암브로시아 만들기

1. 칵테일 셰이커에 얼음, 라임즙, 피시소스, 교큐로 녹차, 위스키를 넣는다. 10초 동안 흔든다. 유리잔에 얼음을 반 정도 채운다. 스트레이너를 활용하여 완성된 칵테일을 잔에 붓는다. 잔에 진저비어를 붓고 가볍게 저어준다. 라임 웨지로 장식한다.

텔바니 차

모로윈드의 위대한 대가문 중 하나인 텔바니 가문은 오늘날에도 위엄 있는 마법사 가문으로 기억되고 있습니다. 그러나 제4시대는 그들에게 악몽과도 같았습니다. 레드마운틴의 폭발과 노예 제도에 분노한 아르고니안들의 침략으로 때문에 텔바니 가문은 멸문 직전까지 내몰렸다고 하죠. 제가 읽은 책에 따르면, 그들의 본거지였던 사드리스 모라는 정말 놀라운 곳이었다고 합니다. 하늘 높이 뻗은 거대한 버섯들과 그 안에 만들어진 집들... 마치 환상 속 세계 같았을 겁니다. 텔바니 가문의 전성기에 그곳을 직접 방문해보지 못한 것이 너무나 아쉽습니다.

대신, 자피에벨 만이 내려다보이는 작은 버섯 난간에 앉아 이 차를 홀짝이며 그 시절을 상상해 봅니다. 비록 직접 볼 순 없지만, 이렇게나마 텔바니 가문의 영광을 느낄 수 있어 다행입니다.

난이도
준비 시간: 2분
숙성 시간: 5분
양: 2컵
식이 정보: 락토 오보 베지테리안
종족: 던머

블루 로터스 차 2개
건조 레몬그라스 1큰술
얼그레이 차 1큰술
아사이베리 분말 ½큰술
오렌지필, 오렌지 2개분
꿀 2큰술
뜨거운 물(93℃) 2컵

1. 작은 찻주전자에 블루 로터스 차, 레몬그라스, 얼그레이 차, 아사이베리 분말, 오렌지필, 꿀을 넣는다. 뜨거운 물을 부어 5분 동안 우려낸다. 고운 체로 걸러낸 후 마신다.

참고: 차를 좀 더 마시고 싶다면 한 번 더 우릴 수 있다. 다만, 꿀과 아사이베리 분말은 추가로 넣어야 한다.

샘 귀벤의 위스키

보스머들은 그들만의 특별한 증류주를 즐깁니다. 그린쉐이드를 여행하는 동안, 저는 많은 가정에서 환대를 받았는데, 대부분 가정에서는 나름의 매력적인 양조장을 운영하고 있었습니다. 우드하스에 도착할 즈음, 저는 보스머들의 술에 대해 꽤 알게 되었다는 착각에 빠졌죠.

하지만 이 자만심은 오래가지 못했습니다. 어느 술집에서 만난 검은 로브를 입은 남자에게 제 '지식'을 뽐내려 했다가 코다쳤습니다. 그가 연이어 권하는 술을 거절하지 못하고 마시다 보니... 결국, 다음 날 오후, 끔찍한 두통과 함께 깨어났습니다.

이 레시피는 그 독특한 술을 재현한 것입니다. 원래 보스머들의 술은 녹색 조약에 따라 식물성 재료를 쓰지 않지만, 이 레시피는 누구나 즐길 수 있게 변형했습니다. 보스머의 정통성은 조금 잃었지만, 맛과 안전은 보장합니다!

난이도
준비 시간: 20분
숙성 시간: 24시간
양: 4잔
식이 정보: 데어리 프리, 글루텐 프리
종족: 보스머
필요 요리도구: 커피 필터

베이컨 버번
베이컨 기름 30mL
버번위스키 236mL

샘 귀벤의 위스키
메이플 시럽 15mL
오렌지 비터스 2대시
베이컨 버번 60mL
커다란 각얼음 3개
오렌지필 1개
베이컨 1조각, 바싹 구워서

베이컨 버번 만들기
1. 작은 밀폐 용기에 베이컨 기름과 버번위스키를 넣는다. 뚜껑을 닫고 세게 흔든다. 냉동실에 넣고 최소 하룻밤(최대 4일) 동안 숙성한다.
2. 커피 필터로 베이컨 버번을 걸러낸다. 베이컨 버번을 새로운 작은 밀폐 용기에 담는다. 베이컨 버번은 냉장 보관 시 최대 2주 동안 신선하게 보관할 수 있다.

샘 귀벤의 위스키 만들기
1. 믹싱 글라스에 메이플 시럽과 비터스를 넣고 젓는다. 베이컨 버번을 붓고 얼음 두 개를 넣는다. 차가워질 때까지 저어준다.
2. 락 글래스에 얼음 한 개, 오렌지필, 베이컨을 넣는다. 믹싱 글라스의 내용물을 락 글라스에 붓는다.

하이락 로즈 라이

대거폴에서 안식년을 보내고 있는 아린미어가 하이 록의 인기 음료에 대한 편지를 보내왔습니다. 아마도 그는 안식년 대부분을 다양한 음료를 시음하고, 대학에서 자신이 얼마나 인정받지 못하는지 한탄하는 데 보냈던 것 같습니다. 아린미어가 보낸 편지에는 이런 하소연이 적혀 있었습니다.

"내 소중한 연구는 여전히 인정받지 못하고 있네. 이제는 깃펜과 두루마리 대신 위스키 한잔에서 위안을 찾고 있지. 우르자그, 자네도 알다시피 나는 항상 브레튼들에게 동질감을 느끼고 있네. 늘 '2인자'로 여겨지는 브레튼들 말이야! 그들에게 공정한 기회만 주어졌다면 내가… 아니 그들이 무엇을 이뤘을지 누가 알겠나?"

아린미어의 말은 다소 과장되어 있지만, 이 상쾌한 음료에 대한 그의 평가만큼은 정확합니다. 한 모금만으로 모든 스트레스가 날아가는 듯한 이 위스키의 매력은, 그의 과장된 표현조차 정당화할 정도입니다.

난이도
준비 시간: 15분
조리 시간: 30분
숙성 시간: 24시간
양: 칵테일 5잔
식이 정보: 비건
종족: 브레튼
필요 요리도구: 칵테일 셰이커

장미 인삼 시럽
설탕 ½컵
물 ½컵
말린 장미꽃 봉오리 2큰술
신선한 인삼 뿌리 2근

하이락 로즈 라이
민트 1줄기
각얼음 3개
장미 인삼 시럽 1큰술
라이 위스키 60mL
레몬즙 15mL
진저비어 120mL
비터스 1대시

장미 인삼 시럽 만들기
1. 작은 냄비에 설탕과 물을 넣고 중강불에 올린다. 설탕이 녹으면 장미꽃 봉오리와 인삼 뿌리를 넣는다. 끓기 시작하면 약불로 내리고 25분 동안 끓인다.
2. 시럽을 작은 밀폐 용기에 걸러 담는다. 실온으로 식힌 후, 최소 12시간에서 최대 2주까지 냉장 숙성한다.

하이락 로즈 라이 만들기
1. 칵테일 셰이커에 민트를 넣고 으깨 섞는다. 얼음, 장미 인삼 시럽, 라이 위스키, 레몬즙을 넣는다. 셰이커의 뚜껑을 닫고 10초 동안 세게 흔든다.
2. 진저비어와 비터스를 넣는다. 고운 체로 걸러 유리잔에 담는다.

타네스 커피

해머펠 본토에서 이 향기로운 피로회복제를 홀짝이며, 저는 제2시대 스트로스 므'카이섬의 신화적 잔향을 느낄 수 있었습니다.

이 커피를 제게 건넨 사람은 젊은 레드가드였는데, 가족이 아직 스트로스 므'카이에 살고 있다고 했습니다. 제가 그녀의 고향에 대해 궁금해하자, 그녀는 어릴 적 어머니에게 들었던 이야기를 들려주었습니다. 해적과 왕자, 그리고 영혼이 깃든 검에 관한 얘기였지만, 안타깝게도 자세한 내용은 기억나지 않는다고 했습니다. 하지만 그녀는 섬의 젊은이들 사이에서 입에서 입으로 전해지는 두 문장만큼은 또렷이 기억하고 있었습니다. "해머펠 전역에 이 소식이 전해질 거야.", "그럼 아주 크게 전해지게 하자고!" 이 말을 들으니, 저도 모르게 그 옛날 이 말을 처음 외쳤던 이의 열정과 모험심이 전해져 오는 듯했습니다.

난이도
준비 시간: 10분
양: 1잔
식이 정보: 데어리 프리, 락토-오보 베지테리안
종족: 레드가드
필요 요리도구: 프렌치 프레스

커피 가루 24g (¼컵)

참고: 어떤 종류의 커피를 사용해도 좋지만, 약배전 원두는 산미와 향신료나 꽃향기와 같은 원두 고유의 향이 더 강하게 느껴지지만, 강배전 원두는 쓴맛과 일반적인 커피 하면 생각나는 로스팅 향이 더 강하게 느껴진다.

시나몬 가루 ¼작은술
넛맥 가루 ¼작은술
카다멈 가루 ¼작은술
코셔 소금 한 꼬집
흑후추 가루 한 꼬집
끓는물 450g (2컵)
꿀 2큰술

1. 작은 믹싱볼에 커피 가루, 시나몬, 넛맥, 카다멈, 소금, 후추를 넣고 섞는다. 믹싱볼의 내용물을 프렌치 프레스에 붓는다.
2. 끓는 물을 프렌치 프레스에 붓고 살짝 저은 뒤 4분 동안 가만히 둔다.
3. 머그잔에 꿀을 넣는다. 프렌치 프레스를 사용해 우려낸 커피를 머그잔에 붓고 꿀이 잘 섞일 때까지 저어준다.

마녀어멈의 포도주

난롯불*과 서리내림** 기간 동안 저는 캠론에 가기 위해 글렌몹브라의 험난한 늪지대를 몇 주 동안 헤쳐나갔습니다. 끝없는 진흙과 안개, 그리고 위험한 생물들과 싸우며 힘겨운 여행을 거쳐 마침내 마녀 축제가 열리는 캠론에 도착했습니다.

캠론 사람들은 저를 따뜻하게 맞아주었고, 그들의 운치 있고 낭만적인 삶을 함께 나눌 수 있어 행복했습니다. 그들의 일상에는 마치 시 한 구절 같은 아름다움이 깃들어 있었습니다.

매일 밤, 우리는 가마솥에서 끓고 있는 근사한 포도주를 마시며 모닥불 주위에 둘러앉았습니다. 특히 한 주름진 노파가 들려준 이 음료의 탄생 이야기가 정말 흥미진진했습니다.

오래전, 이 지역에 '마녀어멈'이라 불리던 강력한 마녀가 있었다고 합니다. 그녀는 매년 서리내림 기간의 13일에 나타나 사람들을 현혹해 그녀의 특별한 술을 만들 재료를 모으게 했다죠. 만약 술이 성공적으로 완성되면, 마녀어멈은 그 술을 마신 모든 이에게 저주를 내려 무시무시한 짐승으로 변하게 만들었지만, 술이 완성되지 않으면, 마녀어멈은 남쪽 숲 속에 있는 그녀의 고대 마녀단으로 돌아가 '포도주'를 마시며 다음 해를 기다렸다고 합니다.

난이도
준비 시간: 15분
숙성 시간: 8시간
양: 6~8인분
식이 정보: 비건
종족: 마녀

자두 2개, 얇게 잘라서
보스크 배 2개, 얇게 잘라서
천도복숭아 1개, 얇게 잘라서
레몬 1개, 얇게 잘라서
라이 위스키 1컵
마라스키노 리큐르 ½컵
석류 주스 1½~3컵
진저비어 3~5컵

* 난롯불: 엘더스크롤 세계관의 역법상 9월에 해당한다.
** 서리내림: 엘더스크롤 세계관의 역법상 10월에 해당한다.

1. 유리병에 자두, 배, 천도복숭아, 레몬, 라이 위스키, 마라스키노 리큐르, 석류 주스를 넣고 섞는다. 하룻밤 동안 냉장고에서 숙성시킨다.
2. 먹기 바로 전에 진저비어를 넣는다.

참고: 조금 더 연한 술을 원한다면 진저비어와 석류 주스를 추가하면 된다.

후기

이렇게 해서 이번 여행이 마무리되었습니다. 다양한 레시피와 역사의 단편들, 소중한 추억들이 단단한 두 장의 표지 사이에 고스란히 담겨 세상에 선보일 준비를 마쳤습니다. 마치 정성스레 차려진 음식이 담긴 쟁반처럼 말이죠. 다시 한번, 이 모든 페이지를 함께 걸어와 주신 여러분께 진심으로 감사드립니다.

발라고그에게 처음 요리를 배웠던 3개월이 떠오릅니다. 자부심과 두려움이 뒤섞인 채로 완성된 요리를 스승님께 선보였던 그때가 아직도 생생하네요. 발라고그는 언제나 같은 방식으로 평가를 시작했습니다. 먼저 코를 킁킁거리면서 요리에서 풍겨오는 향을 음미하고, 세 번의 느린 입질로 조심스럽게 맛과 식감을 꼼꼼히 살폈습니다. 제가 요리를 잘해냈다면, 스승님은 우렁찬 웃음을 터뜨리며 어김없이 독특한 칭찬을 해주었습니다. "이건 좋은 장작이로구나." 그 말의 진정한 의미를 깨닫기까지 오랜 시간이 걸렸습니다.

책을 완성하기 위해 고군분투하는 과정에서, 저는 처음 여행을 떠날 때 상상했던 것 이상의 교훈을 얻었습니다. 성공을 위해 자신을 준비하는 법을 배웠고, 값비싼 도구보다 진정한 기술이 더 중요하다는 사실을 깨달았습니다. 물론 두 가지를 모두 갖추는 것도 나쁘진 않겠지만요.

제 요리를 중심으로 마을을 일궈냈고, 죽음을 무릅쓴 험난한 모험을 통해 평생의 친구를 얻었습니다. 또한, 나 자신을 사랑하고 아끼는 방법도 배웠죠. 이 모든 것은 앞으로도 계속 발전시켜 나가고 싶은 소중한 자산입니다. 이렇게 제 가슴 속 불꽃을 더욱 밝히며 성장해 나갔고, 마침내 집으로 돌아와 아버지와 함께 술잔을 기울이며 지난날들을 되돌아보았습니다. 그 순간은 정말 감미로웠습니다. 아버지의 눈에 비친 자부심이 고스란히 느껴졌습니다. 이 순간만큼은 그 누구도 레리릭 족장이 감상에 젖었다고 비난할 수 없을 겁니다.

"훌륭한 강철이 되었구나, 우르자그." 아버지가 말했습니다. "이제 계획이 뭐냐? 이번 여행도 끝났으니 요새로 돌아와야 하지 않겠니?"

저는 이 질문에 대해 깊이 생각에 잠겼습니다. '끝'이라는 단어가 서서히 제 마음속에 스며들기 시작했죠. 저는 스승님의 발자취를 따라 저만의 길을 개척해 왔습니다. 하지만 이제 그 여행이 끝을 향해 가고 있다는 느낌이 들었습니다. 여행이 끝나고 나면 무엇이 기다리고 있을까요? 어떤 일들이 펼쳐질까요? 확실한 건 지친 몸과 마음을 위해 잠시 휴식을 취할 것입니다. 그러고 나면 또 다른 시작을 향해 발걸음을 내딛게 되겠죠.

저는 거의 완성된 이 책의 첫 번째 인쇄본을 발라고그의 추모비로 가져갔습니다. 장작더미와 함께 태워 저 멀리 애쉬핏에 계신 스승님께 전하고 싶었죠. 두툼한 종이 뭉치를 장작더미에 얹으니 수년 전 윙킹 스키버 여관에서 스승님께 요리를 배우던 기억이 떠올랐습니다. 그때마다 스승님은 껄껄 웃으시며 날카롭고 선명한 목소리로 이렇게 말씀하셨죠.

"이건 좋은 장작이야."

유레카! 마치 녹은 버터와 꿀처럼 스승님의 말씀이 이해되었습니다. 저는 수많은 레시피를 터득하고, 책을 완성했지만, 제 여행은 아직 끝나지 않았습니다. 제 영혼의 불꽃은 지금까지 해온 일과 쏟아부은 열정을 장작 삼아 더욱 거세게 타오를 것입니다. 제 마음 속 페이지들이 연기가 되어 밤하늘로 흩어지는 모습을 상상하며, 저는 이 모든 것을 결코 놓을 수 없다는 것을 깨달았습니다. 제 여행은 계속되어야 합니다. 새로운 지평을 향해, 또 다른 세상을 향해 나아가야만 하죠. 그래서 아버지의 제안은 정중히 거절할 수밖에 없었습니다.

다행히 아버지는 저의 선택을 존중해 주셨습니다. 아마도 제가 마침내 걸어갈 진정한 길을 찾았다는 걸 아신 것 같습니다. 사실 저에겐 아직 해야 할 일도, 하고 싶은 일도 너무나 많습니다. 블랙 마쉬는 여전히 미지의 영역으로 남아 있습니다. 그곳에는 아무도 맛보지 못한 경이로운 버섯들이 숨어 있을 겁니다. 지난 여행에서 들었던 이펠론이라는 잊혀진 고대 사원의 위치도 찾아내고 싶습니다. 하사흐와 이리엘 부부에게는 가을에 턴포인트를 다시 찾아가겠다고 약속했습니다. 그들의 딸아이가 어느새 걸음마를 시작했다고 하더군요. 시간이 참 빠릅니다.

찰티마는 엘스웨어의 해안을 따라 미식 여행을 떠나고 싶어 안달이 났습니다. 저도 그 여행에 동참할 생각입니다. 새로운 식재료와 요리법을 배울 절호의 기회니까요. 물론 재피아크 대학에서 배울 것도 아직 많습니다. 아린미어는 겉으로는 귀찮아하겠지만, 속으로는 제가 또 찾아가기를 은근히 기다리고 있을 겁니다. 어쩌면 저는 새로운 책을 집필하게 될지도 모릅니다. 제가 경험하고 배운 것들을 더 많은 이들과 나누고 싶으니까요. 아니면 다음 여행은 오직 저 자신과 제게 가장 소중한 사람들만을 위한, 조용하고 의미 있는 여행이 될 수도 있습니다. 화려함보다는 내면의 충만함에 집중하는 그런 시간 말이에요. 하지만 이 모든 것 이상으로 제가 진심으로 전하고 싶은 메시지는 이렇습니다. 어느 길을 선택하든, 그 길 위에서 우리가 만든 추억과 이야기들은 분명 삶의 소중한 양분이 될 거라는 사실입니다. 스승님의 말씀처럼, 그건 우리의 인생이란 불꽃을 지펴줄 좋은 장작이 될 테니까요!

저자 소개

빅토리아 로젠탈
그녀는 2012년부터 'Pixelated Provisions'라는 블로그를 운영하며 좋아하는 비디오 게임 속 음식을 실제로 만들어 소개하고 있습니다. 주방에서 새로운 요리법을 실험하거나 레시피를 구상하는 것 외에도, NASA에서 사용할 그래픽 이미지를 개발하는 일을 하고 있습니다. 현재 텍사스 휴스턴에서 남편과 웰시코기 한 마리와 함께 살고 있습니다. 그녀가 쓴 책으로는 『폴아웃 공식 요리책』, 『데스티니 가디언즈 공식 요리책』, 『스트리트 파이터 공식 요리책』, 『헤일로 공식 요리책』, 『파이널 판타지 14 공식 요리책』 등이 있습니다.

에린 킹
비디오 게임과 보드게임 작가이자 내러티브 디자이너로 활동하고 있습니다. 가족과 친구들과 함께 게임을 즐기는 것을 특히 좋아합니다. 여가 시간에는 고향인 메릴랜드주 록빌의 지역 발레단을 이끌고 있습니다.

계량 단위 환산표

용량

미국 단위계	미터법
⅕ 작은술	1 mL
1 작은술	5 mL
1 큰술	15 mL
1 온스(액량)	30 mL
⅛ 컵	50 mL
¼ 컵	60 mL
⅓ 컵	80 mL
3.4 온스(액량)	100 mL
½ 컵	120 mL
⅔ 컵	160 mL
¾ 컵	180 mL
1 컵	240 mL
1 파인트 (2 컵)	480 mL
1 쿼트 (4 컵)	960 mL

온도

화씨	썹씨
200 °F	93 °C
212 °F	100 °C
250 °F	120 °C
275 °F	135 °C
300 °F	150 °C
325 °F	165 °C
350 °F	177 °C
400 °F	205 °C
425 °F	220 °C
450 °F	233 °C
475 °F	245 °C
500 °F	260 °C

중량

미국 단위계	미터법
½ 온스	14 그램
1 온스	28 그램
¼ 파운드	113 그램
3 파운드	151 그램
½ 파운드	227 그램
1 파운드	454 그램

도토리
DOTORY

www.dotorybooks.com
✖ @dotory_books
◉ @dotory_books
©/TM 2024 ZeniMax

본 한국어판 저작권은 Insight Editions와의 독점계약으로 도토리에 있습니다.
저작권법에 따라 한국 내에서 보호 받는 저작물이므로 책의 어떤 부분도 당사의 허락 없이 어떠한 형태로도 전재 및 복제, 전송을 할 수 없습니다.
No part of this book may be reproduced in any form without written permission from the publisher.

지은이: 빅토리아 로젠탈 & 에린 쿵
옮긴이: 안다일
펴낸이: 안다일
한국어판 편집: 도토리 편집부
펴낸곳: 도토리
이메일: support@dotorybooks.com
신고번호: 제 2022-000113호
신고일자: 2020년 5월 22일
ISBN: 979-11-93070-05-5
발행일: 2024년 12월 31일
정가: 40,000원

Publisher: Raoul Goff
VP, Co-Publisher: Vanessa Lopez
VP, Creative: Chrissy Kwasnik
VP, Manufacturing: Alix Nicholaeff
VP, Group Managing Editor: Vicki Jaeger
Publishing Director: Mike Degler
Art Director and Designer: Catherine San Juan
Associate Editor: Sadie Lowry
Editorial Assistants: Alex Figueiredo and Jeff Chiarelli
Managing Editor: Maria Spano
Senior Production Editor: Nora Milman
Production Manager: Deena Hashem
Senior Production Manager, Subsidiary Rights: Lina s Palma-Temena
Text by Victoria Rosenthal and Erin Kwong
Photography by Victoria Rosenthal
Illustrations by Erika Hollice

ROOTS of PEACE   REPLANTED PAPER

본 도서는 국제 비영리 단체 '루츠 오브 피스'와 협력하여 도서 제작에 사용된 나무 한 그루당 두 그루의 나무를 심을것을 약속합니다. '루츠 오브 피스'는 전 세계적으로 지뢰 제거 활동을 펼치며, 전쟁으로 황폐해진 땅을 다시 농경지로 복구하는 사업을 수행하고 있습니다.

Edited and produced for the Korean edition by Dotorybooks
Manufactured in China by Insight Editions
Original Book Published by Insight Editions, San Rafael, California, in 2024.